高质量发展建设共同富裕示范区研究丛书

中国社会科学院组织编写

迈向全域共富的浙江探索

魏后凯　年猛　王瑜　等著

中国社会科学出版社

图书在版编目（CIP）数据

迈向全域共富的浙江探索/魏后凯等著 . --北京：中国社会
科学出版社，2024.10

（高质量发展建设共同富裕示范区研究丛书）

ISBN 978-7-5227-2693-9

Ⅰ.①迈…　Ⅱ.①魏…　Ⅲ.①区域经济发展—研究—浙江
Ⅳ.①F127.55

中国国家版本馆 CIP 数据核字（2023）第 195005 号

出 版 人	赵剑英	
责任编辑	刘晓红	
责任校对	郝阳洋	
责任印制	王　超	

出　　版	中国社会科学出版社	
社　　址	北京鼓楼西大街甲 158 号	
邮　　编	100720	
网　　址	http://www.csspw.cn	
发 行 部	010-84083685	
门 市 部	010-84029450	
经　　销	新华书店及其他书店	

印　　刷	北京君升印刷有限公司	
装　　订	廊坊市广阳区广增装订厂	
版　　次	2024 年 10 月第 1 版	
印　　次	2024 年 10 月第 1 次印刷	

开　　本	710×1000　1/16	
印　　张	14.5	
字　　数	196 千字	
定　　价	76.00 元	

凡购买中国社会科学出版社图书，如有质量问题请与本社营销中心联系调换
电话：010-84083683

总　　序

2021 年，在迎来建党百年华诞的历史性时刻，党中央对推进共同富裕作出了分阶段推进的重要部署。其中意义非同小可的一条：浙江被明确为全国首个高质量发展建设共同富裕示范区，要在推进以人为核心的现代化、实现全体人民全面发展和社会全面进步的伟大变革中发挥先行和示范作用。于浙江而言，这既是党中央赋予的重大政治责任和光荣历史使命，也是前所未有的重大发展机遇。浙江发展注入了新的强劲动力！

理论是实践的先导，高质量发展建设共同富裕示范区离不开理论创新。基于理论先行的工作思路，2021 年 5 月，中共浙江省委与中国社会科学院联合启动了"浙江省高质量发展建设共同富裕示范区研究"重大课题研究工作。

两年多来，课题组在深入调查、潜心研究的基础上，形成了由 13 部著作组成、约 260 万字篇幅的课题成果——"高质量发展建设共同富裕示范区研究丛书"。这套丛书不仅全景式展现了浙江深入学习习近平总书记关于共同富裕的重要论述精神，扎实落实《中共中央　国务院关于支持浙江高质量发展建设共同富裕示范区的意见》的工作实践，而且展现了浙江在全域共富、绿色共富、对外开放、金融发展、产业体系、数字经济、公共服务、养老保障等共同富裕不同方面的特点和基础，也展现了浙江围绕示范区建设边学边谋边干、经济社会高质量发展取得的一系列新突破。

　　由 13 部著作组成的这套丛书，各有各的侧重点。其中，李雪松等著的《浙江共同富裕研究：基础、监测与路径》，从共同富裕的科学内涵出发，分析了浙江高质量发展建设共同富裕示范区的基础条件，提出了共同富裕的指标体系和目标标准。魏后凯、年猛、王瑜等著的《迈向全域共富的浙江探索》，从城乡协调、区域协调和乡村振兴角度，阐述了浙江打造城乡区域协调发展引领区的经验做法。张永生、庄贵阳、郑艳等著的《浙江绿色共富：理念、路径与案例》，由"绿水青山就是金山银山"发展理念在浙江诞生的历程入手，系统阐述了浙江践行绿色发展道路、打造美丽浙江，实现生态经济和生态富民的生动实践。姚枝仲等著的《高水平对外开放推动共同富裕的浙江实践》，重点阐述了浙江在高水平开放推动自主创新、建设具有国际竞争力的现代产业体系、提升经济循环效率、实施开放的人才政策、促进城乡和区域协调发展、发展文化产业和丰富人民精神文化生活、实现生态文明和绿色发展等方面的成效。王震等著的《基本公共服务均等化与高质量发展的浙江实践》，从公共财政、公共教育、医疗卫生、养老服务、住房保障等若干角度阐述了浙江公共服务高质量发展和均等化，进而构建激励相容的公共服务治理模式的前行轨迹。张翼等著的《共同富裕与养老保障体系建设的浙江探索》，在系统分析浙江人口老龄化的现状与前景的同时，阐述了浙江养老保障体系建设的总体情况。张晓晶、李广子、张珩著的《金融发展和共同富裕：理论与实证》，剖析了金融发展和共同富裕的关系，阐述了浙江金融发展支持共同富裕的主要经验做法，梳理了金融发展支持共同富裕的政策发力点。张树华、陈承新等著的《党建引领建设共同富裕示范区的浙江探索》，重点阐述了浙江坚持和加强党的全面领导，凝聚全社会共同奋斗推进共同富裕示范区建设的突出特色。冯颜利等著的《精神生活共同富裕的浙江探索》，阐述了浙江在探索精神生活共同富裕、公共文化服务优质均衡发展等方面的突出成绩。黄群慧、邓曲恒等著的《以现代化产业体系建设推进共同富裕的浙江探索》，在分析现代化产业体系对共同富裕的促进作用基础上，阐述了浙江产业体系相对完备、实体经济发展强劲对于推进共同富裕的重要保障作用。都阳等著的《人口老龄化背景下高质量就业与共同富裕的浙江探索》，从分析人口老龄化背景下浙江就业发展的态势入手，梳理了浙江促进高质量就业面临的挑战和路径举措。夏杰长、刘奕等著的《数字经济和服务业高质量发展的浙江探索》，聚焦浙江数字经济和服务业高质量发展，系统探究了浙江数字经济和服务业高质量发展促进共同富裕的机理逻辑、现实探索和困难挑战等问题。汪德华、鲁建坤等著的《共同富裕与财税政策体系构建的浙江探索》，围绕财税体制和财税政策，阐述了浙江在资金直达基层、"钱随人走"制度改革、市县财政收入激励奖补机制、"一事一议"财政奖补体制等方面取得的重要进展。

应当说，"高质量发展建设共同富裕示范区研究丛书"的撰写，也是中国社会科学院建设中国特色新型智库、发挥智库作用的一次重要探索。中国社会科学院始终坚持学术研究与对策研究相结合，理论研究服务于党中央和国家的需要。作为为党中央和国家决策服务的思想库，只有回应时代的呼唤，认真研究解决重大理论和现实问题，才能真正把握住历史脉络，找到发展规律，真正履行使命，推动理论创新。

中国社会科学院和浙江省有着长期良好的合作传统和合作基础，这套丛书是中国社会科学院和浙江省合作研究的又一结晶。在此前的两次合作研究中，2007 年"浙江经验与中国发展——科学发展观与和谐社会建设在浙江"（6 卷本）和 2014 年"中国梦与浙江实践"系列丛书，产生了广泛而深远的社会影响。

中共浙江省委始终高度重视此项工作，省委主要领导多次作出批示，对课题研究提供了大力支持。中国社会科学院抽调了 12 个研究所（院）的研究骨干组成 13 个子课题组，多次深入浙江省实地调研。调研期间，合作双方克服新冠疫情带来的种种困难，其间的线上线下交流讨论、会议沟通不计其数。在此,我们要向付出辛勤劳动的各位课题组专家表示衷心感谢!

　　站在新的更高历史起点上,让我们继续奋力前行,不断谱写高质量发展建设共同富裕示范区浙江实践、共同富裕全国实践的新篇章。

"高质量发展建设共同富裕
示范区研究丛书"课题组
2024 年 1 月 3 日

前　　言

2003 年，时任浙江省委书记的习近平同志提出了引领浙江发展、推进浙江各项工作的"八八战略"，亲自部署启动了"千村示范、万村整治"工程、"发达地区加快发展，欠发达地区跨越式发展"的"山海协作工程"，由此开启了浙江统筹城乡发展、推动区域协调的先行探索。历年来，浙江忠实践行"八八战略"，率先探索构建新发展格局，城乡区域协调发展与共同富裕水平位居全国前列。近年来，浙江在高质量发展建设共同富裕示范区过程中，着力打造城乡区域协调发展引领区，加快推进全域共富的现代化，为其他地区积累了有益经验，发挥了示范和引领作用。

纵观全国，中国发展不平衡不充分问题仍然突出，城乡区域发展和收入分配差距较大，加快推进城乡区域协调发展既是经济社会发展的长期目标之一，更是构建新发展格局、释放高质量发展新动力的战略路径之选。党的二十大报告明确指出，"中国式现代化是全体人民共同富裕的现代化"，到 2035 年"全体人民共同富裕取得更为明显的实质性进展"，同时强调要"着力推进城乡融合和区域协调发展"，"鼓励东部地区加快推进现代化"①。这赋予了浙江"走城乡区域协调的全域共富之路"的先行经验以现实意义和参考价值。

---

① 习近平：《高举中国特色社会主义伟大旗帜　为全面建设社会主义现代化国家而团结奋斗——在中国共产党第二十次全国代表大会上的报告》，人民出版社 2022 年版，第 22、24、28、32 页。

本书的研究成果包括导论和六个专题章节。导论旨在阐述浙江着力打造城乡区域协调发展引领区的重要意义、有益经验，并提出进一步发挥其示范引领作用的战略思路，六个专题章节包括城乡协调、区域协调、乡村振兴三大主题，每个主题以一章整体论述和一章典型经验解读的回环方式呈现，分别包括打造城乡协调发展的引领区、城乡融合发展的嘉兴经验、建设区域协调发展的先行区、推进山海协作的浙江实践、率先建成乡村振兴示范省、联村发展与未来乡村的先行探索等内容。

第一章导论部分研究提出浙江走城乡区域协调发展道路的理论意义和现实价值。中国是一个人口众多、地域辽阔的发展中大国，城乡区域发展不平衡是中国的基本国情特征之一。与此同时，当前中国经济已经由高速增长阶段转向高质量发展阶段，高质量发展是当前及今后较长一个时期内中国经济社会发展的主题，它是对所有地区、所有行业和领域提出的新要求。在上述背景下，着力推进城乡区域协调发展，积极探索城乡区域共富新路，是实现全体人民共同富裕的关键途径。围绕高质量发展建设共同富裕示范区，浙江省在推进城乡区域协调发展方面积极大胆探索，开局良好、成效显著，为全面建成城乡区域协调发展引领区奠定了坚实基础。在全面建设社会主义现代化国家新征程中，浙江应通过示范区建设，一方面，推动乡村振兴与新型城镇化全面对接，聚焦乡村产业、公共服务、以城带乡、农民福祉等关键问题，促进城乡深度融合发展，全面打造高质量的城乡协调发展引领区。另一方面，将高质量发展与区域协调发展有机结合起来，在高质量发展中推动实现区域协调发展和共同富裕，走区域高质量协调发展之路，全面打造区域协调发展引领区，充分发挥其引领、示范和带动作用。

第二章研究了浙江城乡协调发展的格局特征、经验探索和思路举措。促进城乡协调发展的过程就是在互补、互促、互利和互融中形成城乡生命共同体，实现城乡居民收入均衡化、基本公共服务均等化、居民生活质量等值化，这既是实现全体人民共同富裕的内在要求，也是构建新发展格局、推动高质量发展的重要基础。近年来，浙江坚持以城带乡、以工促农、城乡一体，在统筹城乡发展、重塑新型城乡关系方面成效显著，居民收入分配格局持续优化，基本公共服务水平不断提高，居民生活质量稳步提升，城乡发展协调性明显增强，呈现出较高水平的城乡居民收入均衡化、城乡基本公共服务均等化、城乡居民生活质量等值化的格局特征。立足城乡协调发展目标和形势，浙江需提升城乡统筹层次，坚持以改革首创精神为动力，以规划引领、要素支撑、机制创新，全面推进市域乃至省域城乡协调发展。在推进省域城乡协调发展的进程中，以城乡发展空间的前瞻布局为引领，构建要素自由流动、资源有效配置、产业融合发展的机制支撑，从设施一体、服务共享、收入均衡等方面全面推进城乡生活质量等值化，升级打造城乡协调发展新样板。

第三章研究了城乡融合发展的嘉兴经验。2004 年，习近平同志调研嘉兴时指出，"嘉兴完全有条件成为全省乃至全国统筹城乡发展的典范"，由此开启了嘉兴推进城乡融合发展的先行探索。嘉兴市始终遵循习近平同志对嘉兴"成为全省乃至全国统筹城乡发展的典范"寄予的殷切期望，坚持走城乡融合发展之路，取得了显著成效。城乡居民生活水平差距逐步缩小，城乡基本公共服务均等化加快推进，农村生态环境建设取得突出成效，要素市场改革取得初步成效，成为浙江省全面打造城乡协调发展引领区的先行区。嘉兴市在促进城乡要素合理流动、推进城乡基本公共服务普惠共享、加快城乡产业融合、推动城乡社会治理现代化等领域采取了一些创新性做法，形成了城乡基本公共服务均等化的"海盐模式"、农业经济开发区的"广陈模式"、飞地抱团的"嘉善模式"、城乡融合节点建设的"特色农业强镇"模式、城乡治理融合的"桐乡高桥镇"模式等一系列可推广、可复制的经验模式，走出了一条具有嘉兴特色的城乡融合发展之路，对浙江乃至全国城乡协调发展的推进具有重要的启示和借鉴意义。

第四章研究了浙江建设区域协调发展先行区的现状特征、经验做法和目标路径。改革开放以来，浙江着力于缩小区域发展差距，区域协调发展方面取得明显成效，山海差距由扩大趋向缩小，县域差距呈波动下降态势，基本公共服务不均等趋势有所缓解，多领域、多层次的区域协调发展机制初步形成。从发展阶段来看，浙江以"八八战略"为指引，形成区域协调发展的早期探索，以"山海协作工程"为抓手，推动浙江省欠发达地区发展，以都市圈建设为突破口，推动浙江省区域高质量发展，在共同富裕示范区建设阶段，以共同富裕示范区为总目标，打造城乡区域协调发展引领区。为实现区域协调发展与共同富裕，浙江可从统筹夯实区域建设的制度性保障、协调建立区域联动的增长极网络、赋能培育区域发展的创新驱动力、改革探索基本公共服务均等机制、监管完善区域生态环境保护机制五方面路径着手，进一步促进浙江区域经济差距缩小到适度范围、居民生活质量较为均等、区域协作不断深化、区域经济与生态环境协调发展、区际利益关系调整机制不断健全五大目标。

第五章研究了推进山海协作的浙江实践。"山海协作工程"以项目合作为中心，以产业梯度转移和要素合理配置为主线，通过发达地区产业向欠发达地区合理转移、欠发达地区剩余劳动力向发达地区有序流动，从而激发欠发达地区经济活力。山海协作是浙江解决区域发展不平衡不充分问题、推进欠发达地区跨越式发展的有效举措，浙江通过山海协作加快形成了区域协调发展新格局，走出了一条互助合作、双向互动、互利共赢的促进农民农村共同富裕的新路子。本章通过回顾浙江省推进山海协作的历程，总结了山海协作的主要做法和典型模式，揭示了现阶段浙江省推进山海协作面临的主要问题，并进一步提出了深化山海协作的思路与建议。在发展阶段上，"山海协作工程"历经启动阶段、实施阶段、深化阶段和提升阶段四大阶段。通过构建"多层次"实施主体发挥政府推动和市场主导作用，打造"平台型"协作载体实现优势互补和互利共赢，布局"精准性"重点领域深化经济和社会领域合作，浙江持续完善山海协作帮扶体系、健全山海协作激励机制、丰富山海协作平台、拓展山海协作领域，不断增强"山海协作工程"的针对性和有效性，以精准帮扶、联动发展、"飞地"经济、民生共享等典型模式推动山区26县跨越式高质量发展。未来，"山海协作工程"还应该更加注重协作方式创新，更加注重造血功能培育，更加注重创新成果转化，全力打造山海协作升级版，助推山区26县（市、区）成为全省经济发展新增长点，推动区域协调发展持续走在全国前列。

第六章研究了浙江乡村振兴战略的实施情况、目标思路和重点举措。党的十九大提出实施乡村振兴战略后，浙江省结合中央对乡村振兴的总体要求和本省"三农"工作的过往实践，通过明确乡村振兴的整体思路、创新乡村振兴的推进举措、健全乡村振兴的法律规章制度，系统谋划和持续深入推进乡村振兴工作。总体来看，通过实施乡村振兴战略，浙江农业高质高效形成发展亮点、乡村宜居宜业树立广泛示范、农民富裕富足处于全国领先，实施成效显著。浙江省在乡村发展、乡村建设和乡村治理方面已具备良好基础，向全国输出了共同富裕探索的"浙江方案"。作为全国高质量发展建设共同富裕示范区，同时也是全国农业现代化进程最快、乡村经济发展最活、乡村环境最美、农民生活最优的省份之一，浙江肩负着高质量建成乡村振兴示范省的重任，应该勇于先行、全局谋划、立足长远，在全国率先实现农业农村现代化，代表中国向全世界展示中国式现代化在农业农村领域的丰富内涵。下一步，浙江要立足国内领先，也要具有国际视野，以"创全国示范、争国际一流"为方向，将向全国提供农业农村现代化的浙江样板、向全球提供农业农村现代化的中国模式设为总目标，抓好"率先建成乡村振兴示范省"主线，走内生型乡村振兴与共享发展道路，以深化改革和机制创新牵引乡村振兴。具体要坚持系统观念，按照内生发展和共享发展的要求，以一系列政策措施保障推进乡村经济高质量发展、开展"三美"乡村建设、打造高品质乡村生活。

第七章研究了联村发展与未来乡村的内涵、实践探索和建设展望。联村发展是跨村联合发展的简称，是不同行政村之间或行政村与其他行政区域单元通过多形式、多方面的合作，建立联合关系、实现共同发展的机制统称。浙江省探索跨村联合发展，创新联村发展机制，优化农村共同富裕基本单元，推动了农村集体经济迅速发展，激发了乡村振兴内生动力，为全国打造了以党建引领片区组团化发展、以强村公司实现跨村联合发展、以要素聚合实现跨村联合发展等集体经济促进共同富裕的生动样本。未来乡村是指按照预定目标设想的未来乡村发展场景，反映了美好生活愿景，一般以村庄为基本单元，根据不同参照系呈现不同的发展场景。当前，浙江省已明确"一统三化九场景"的未来乡村建设路径，构建引领数字生活体验、呈现未来元素、彰显江南韵味的乡村新社区的未来乡村建设目标，试点推进乡村产业、乡村风貌、公共服务、乡风文明、智慧生活、和谐善治六个方面建设内容，在一些试点地区形成了产业兴旺活力迸发、人文乡村内涵彰显、数字引领乡村重塑、公共服务普惠共享、人居环境宜居宜业、乡村善治稳步推进等未来乡村发展建设格局。浙江省的探索实践表明，跨村联合发展是农民农村共同富裕的重要实现机制，未来乡村建设是乡村全面振兴、城乡区域协调发展的重要实现机制。总体上看，浙江省推进联村发展和未来乡村建设还处于探索推动的初步阶段，覆盖面较小，作用发挥尚局限在小部分区域，下一步，浙江要强化系统观念，运用集成方法，一体推进，加快形成联村发展、未来乡村建设的制度机制、标准规范、政策体系以及可复制推广的经验。

目　　录

第一章　导论 ………………………………………………… 1
　第一节　走城乡区域协调的全域共富之路 ……………… 1
　第二节　全面打造城乡协调发展的引领区 ……………… 9
　第三节　加快建设区域协调发展的引领区 ……………… 15

第二章　打造城乡协调发展的引领区 ……………………… 23
　第一节　浙江城乡协调发展格局特征 …………………… 24
　第二节　浙江推进城乡协调发展的有益探索 …………… 30
　第三节　浙江城乡协调发展面临的主要问题 …………… 39
　第四节　全面打造城乡协调发展引领区的思路与举措 …… 44

第三章　城乡融合发展的嘉兴经验 ………………………… 52
　第一节　嘉兴市城乡融合发展现状 ……………………… 53
　第二节　嘉兴市推进城乡融合发展的主要做法 ………… 60
　第三节　嘉兴市推进城乡融合发展实践形成的典型模式 …… 71
　第四节　当前嘉兴市城乡融合发展面临的主要挑战 …… 79
　第五节　进一步深化嘉兴市城乡融合发展的政策建议 …… 83

第四章　建设区域协调发展的引领区 ……………………… 90
　第一节　浙江省区域协调发展现状特征 ………………… 90

第二节 浙江省区域协调发展面临的主要问题 ·············· 99
第三节 浙江省促进区域协调发展的主要做法 ·············· 102
第四节 进一步促进浙江省区域协调发展的目标与思路 ····· 108
第五节 加快实现浙江省区域协调发展的路径探讨 ·········· 111

第五章 推进山海协作的浙江实践 ························ 117
第一节 浙江省推进山海协作的历程 ···················· 117
第二节 浙江省推进山海协作的主要做法 ················ 121
第三节 浙江省推进山海协作的典型模式 ················ 128
第四节 浙江山海协作面临的主要问题 ·················· 138
第五节 深化山海协作的思路与建议 ···················· 140

第六章 率先建成乡村振兴示范省 ······················ 144
第一节 浙江省乡村振兴战略的实施进程 ················ 144
第二节 浙江省乡村振兴战略的实施效果和未来挑战 ······· 151
第三节 浙江省全面推进乡村振兴的目标思路 ············ 163
第四节 浙江省全面推进乡村振兴的重点举措 ············ 168

第七章 联村发展与未来乡村的先行探索 ················ 180
第一节 联村发展和未来乡村内涵 ······················ 180
第二节 浙江省推动联村发展的创新实践 ················ 183
第三节 浙江省推动未来乡村建设的探索实践 ············ 195
第三节 浙江省联村发展和未来乡村建设展望 ············ 206

参考文献 ·· 210

后 记 ·· 218

第一章　导论

党的二十大报告明确指出，"中国式现代化是全体人民共同富裕的现代化"，到 2035 年"全体人民共同富裕取得更为明显的实质性进展"，同时强调要"着力推进城乡融合和区域协调发展"，"鼓励东部地区加快推进现代化"①。浙江地处东部沿海地区，经济较为发达，城乡区域发展差距较小，近年来在高质量发展建设共同富裕示范区的过程中，着力打造城乡区域协调发展引领区，加快推进全域共富的现代化，为其他地区积累了有益经验，发挥了示范和引领作用。

第一节　走城乡区域协调的全域共富之路

中国是一个人口众多、地域辽阔的发展中大国，城乡区域发展不平衡是中国的基本国情特征之一。在当前发展不平衡不充分问题仍然突出、城乡区域发展和收入分配差距仍然较大的情况下，着力推进城乡区域协调发展，积极探索城乡区域共富新路，是实现全体人民共同富裕的关键途径。近年来，围绕高质量发展建设共同富裕示范区，浙江省在推进城乡区域协调发展方面积极大胆探索，开局良好、成效显著，为全面建成城乡区域协调发展引领区奠定了坚实基础。

---

① 习近平：《高举中国特色社会主义伟大旗帜　为全面建设社会主义现代化国家而团结奋斗——在中国共产党第二十次全国代表大会上的报告》，人民出版社 2022 年版，第22、24、28、32 页。

一 城乡区域协调发展与全域共富

城乡区域协调发展是城乡协调发展和区域协调发展的统称。其中，城乡协调发展是指在城乡功能互补、要素自由流动和平等交换、公共资源均衡配置的基础上，城乡联系日益密切、相互依赖日益加深、一体化程度不断提高以及发展差距逐渐缩小的过程。从某种程度上讲，城乡协调发展过程也就是城乡融合与一体化的过程，其目标是"逐步实现城乡居民基本权益平等化、城乡公共服务均等化、城乡居民收入均衡化、城乡要素配置合理化，以及城乡产业发展融合化"①。一般地讲，随着经济发展和城镇化的推进，国内城乡居民收入差距通常会经历从扩大到缩小的倒"U"形转变②。目前，欧美一些发达国家城乡居民收入比已经接近于1，有的甚至农村居民收入已经超过城镇居民。

作为近年来社会各界关注的热点，区域协调发展具有丰富的内涵，它不单纯是经济的协调发展，追求经济发展差距的缩小，而是经济社会的全面协调发展，是兼顾当前利益与长远利益、经济发展与生态环境保护有机融合的可持续协调发展。在新发展理念下，衡量区域协调发展应综合考虑以下几个标准：一是各地区优势能够得到充分有效的发挥，并形成分工合理、各具特色的产业结构；二是各地区形成人与自然和谐共生的局面；三是各地区人均居民收入差距不断缩小，并保持在合理的范围内；四是各地区居民都能够享受到均等化的基本公共服务和等值化的生活质量；五是保持区域间人口、经济、资源、环境的协调发展③。

实现全体人民共同富裕是中国特色社会主义的本质要求，也是一

---

① 习近平：《论"三农"工作》，中央文献出版社 2022 年版，第 157 页。
② 董敏、郭飞：《城市化进程中城乡收入差距的"倒 U 型"趋势与对策》，《当代经济研究》2011 年第 8 期；余秀艳：《城市化与城乡收入差距关系——倒"U"型规律及其对中国的适用性分析》，《社会科学家》2013 年第 10 期。
③ 魏后凯等：《中国区域协调发展研究》，中国社会科学出版社 2012 年版，第 19—22 页。

个长期的历史过程。它主要涉及两方面内容，既要"富裕"，也要"共享"，要在做大蛋糕的同时分好蛋糕。可以说，共同富裕既是一种全面富裕和全民共富的状态，也是一个共建共富、逐步共富的长期过程。从全面富裕看，共同富裕是一种多领域、多维度的富裕，是人的全面发展，也是物质富裕和精神富有的有机统一；从全民共富看，共同富裕不是少数人的富裕，而是全体人民都要富裕，要不断缩小居民收入和生活水平差距，但并非搞整齐划一的平均主义；从共建共富看，共同富裕需要全民参与和共同建设，在共建中实现共享；从逐步共富看，共同富裕并非同时富裕，需要通过先富帮后富、先富带后富，分阶段、有步骤地实现。

共同富裕的核心是缩小三大差距，包括收入差距、城乡差距和区域差距。从国土空间角度看，促进城乡区域协调发展，不断缩小城乡区域发展差距，走城乡区域协调的全域共富之路，既是实现全体人民共同富裕的内在要求，也是加快构建新发展格局、着力推动高质量发展的重要途径。作为全体人民共同富裕的现代化，中国式现代化是既包括城市和乡村，也包括发达地区、欠发达地区和老少边地区在内的全域现代化，实现城乡区域协调发展和全域共富是中国式现代化的应有之义。在中国式现代化视域下，我们所追求的共同富裕，并非一少部分地区和城市的富裕，而是各地区和城乡都要富裕，尽管其富裕程度和实现时间会有所差异。可以说，全域共富是全体人民共同富裕的空间体现。

二　浙江推进全域共富的有益探索

早在 2003 年 7 月，中共浙江省委在第十一届四次全体（扩大）会议上就提出了面向未来发展的"八八战略"，即进一步发挥八个方面的优势、推进八个方面的举措。"八八战略"中有两项重要举措致力于促进城乡区域协调发展，包括：进一步发挥浙江的城乡协调发展优势，统筹城乡经济社会发展，加快推进城乡一体化；进一步发挥浙江的山海资源优势，大力发展海洋经济，推动欠发达地区跨越式发展，努力使海洋经济和欠发达地区的发展成为全省经济新的增长点。"八八战略"的实施，拉开了浙江省全面推进城乡区域协调发展的序幕。

作为"八八战略"的重要组成部分，"山海协作工程"是中国省域内发达地区与欠发达地区合作共赢的典范①。2003 年，浙江出台《关于全面实施"山海协作工程"的若干意见》。其目的是通过区域间合作，形成先富帮后富机制，推动以浙西南山区和舟山海岛为主的欠发达地区加快发展。2018 年 1 月，中共浙江省委、浙江省人民政府发布《关于深入实施山海协作工程促进区域协调发展的若干意见》，明确提出坚持生态优先、绿色发展，政府引导、市场运作，市县主体、省级统筹，优势互补、合作共赢的原则，更加注重协作方式创新，更加注重造血功能培育，更加注重创新成果转化，全力打造"山海协作工程"升级版。

促进城乡区域协调发展也是浙江省高质量发展建设共同富裕示范区的核心内容之一。2021 年 6 月，发布《中共中央　国务院关于支持浙江高质量发展建设共同富裕示范区的意见》（以下简称《意见》），明确提出"以解决地区差距、城乡差距、收入差距问题为主攻方向，更加注重向农村、基层、相对欠发达地区倾斜"，"着力在完善收入分配制度、统筹城乡区域发展、发展社会主义先进文化、促进人与自然和谐共生、创新社会治理等方面先行示范"。该《意见》对浙江省提出了建设"城乡区域协调发展引领区"的战略定位，要求"率先探索实现城乡区域协调发展的路径"，并把"缩小城乡区域发展差距，实现公共服务优质共享"作为六大任务之一。浙江省陆地面积不大，发展水平较高，城乡区域协调发展走在全国前列，有条件开展先行探索，为其他地区积累经验，探索新路。

---

① "山海协作工程"是一种形象化的提法，"山"主要指以浙西南山区和舟山海岛为主的欠发达地区，"海"主要指沿海发达地区和经济发达的县（市、区）。

随后，中共浙江省委作出了《关于忠实践行"八八战略"奋力打造"重要窗口"扎实推动高质量发展建设共同富裕示范区的决议》，明确要着力抓好重大改革、重大抓手和重大政策，并把"着力加快缩小地区发展差距"和"着力加快缩小城乡发展差距"作为高质量发展建设共同富裕示范区的两个着力点。《浙江高质量发展建设共同富裕示范区实施方案（2021—2025 年）》则提出到 2025 年高质量建成乡村振兴示范省，努力成为地区、城乡和收入差距持续缩小的省域范例，城乡居民收入倍差缩小到 1.9 以内，设区市人均可支配收入最高最低倍差缩小到 1.55 以内。在"拓宽先富带后富先富帮后富有效路径，推进城乡区域协调发展先行示范"部分，实施方案提出了九条具体路径，包括率先形成省域一体化发展格局、开展新型城镇化"十百千"行动、大力建设共同富裕现代化基本单元、大力推进农业转移人口市民化集成改革、率先探索以土地为重点的乡村集成改革、大力实施强村惠民行动、创新实施先富带后富"三同步"行动、打造"山海协作工程"升级版、打造对口工作升级版。

浙江省有关部门采取了一系列政策措施，全方位大力推进城乡区域协调发展。例如，在建设共同富裕现代化基本单元方面，以原乡人、归乡人、新乡人为建设主体，以造场景、造邻里、造产业为建设途径，集成美丽乡村、数字乡村、共富乡村、人文乡村、善治乡村建设，启动实施未来乡村试点；在探索以土地为重点的乡村集成改革方面，率先进行农业"标准地"改革，全省域推进盘活闲置农房，推广自营、出租、入股、合作等盘活方式，绍兴市以"三权三票"制度探索宅基地有偿退出[①]，湖州市率先开展宅基地使用权抵押贷款等；在打造"山海协作工程"升级版方面，重点是加大政策支

---

① "三权三票"制度是指在农民自愿退出的前提下，村集体回收宅基地，由镇政府核发"保留权票"，政府统一组织实施土地复垦，产生的建设用地指标 50% 归市政府统筹，50% 以"集体权票"形式发放给村集体，并允许全市流转交易。"保障权票"主要用于对住房困难群众的兜底保障。

持力度，为山区 26 县（市、区）定制"一县一策"①，推动央企与山区县"一对一"合作，共同创建多种形式的"飞地"，包括"消薄飞地""科创飞地""产业飞地"②，促进山区县高质量发展。

一年多来，浙江省大力推进省域一体化、城乡区域均衡化和基本公共服务均等化，积极探索有效路径和多元化模式，城乡区域协调发展水平进一步提升。2021 年，浙江省城乡居民人均可支配收入之比由上年的 1.96 下降到 1.94；城乡居民人均消费性支出之比由 1.68 下降为 1.66（见图 1-1），城乡居民收入和生活水平差距进一步缩小。同年，浙江省全体居民人均可支配收入地区倍差下降到 1.61，其中城镇居民地区倍差下降到 1.40，农村居民地区倍差下降到 1.65，均呈现出持续缩小的态势（见表 1-1）；山区 26 县（市、区）全体居民人均可支配收入增幅高于全省平均水平，其人均可支配收入与全省平均之比提高到 0.73。浙江城市优质公共服务资源继续向乡村下沉，目前医共体牵头医院二甲以上 100% 覆盖，全省县域就诊率达 88.9%，新时代城乡教共体结对学校 100% 覆盖乡村学校；农村公共服务水平进一步提升，农村标准化学校达标率为 98.6%，规范化村级卫生室比例达 78.3%，居家养老服务中心实现乡镇全覆盖。

三　浙江推进全域共富面临的挑战

然而，也应该看到，促进城乡区域协调发展、走全域共富之路是一项长期的艰巨任务，需要分阶段持续推进。当前，在城乡区域协调发展方面，浙江省仍存在诸多短板和薄弱环节，固底板、补短板、强弱项的任务依然十分繁重。

---

①　浙江山区 26 县（市、区）包括：泰顺县、文成县、永嘉县、松阳县、缙云县、三门县、龙泉市、平阳县、天台县、衢州市柯城区、青田县、衢州市衢江区、丽水市莲都区、遂昌县、武义县、开化县、仙居县、龙游县、景宁畲族自治县、磐安县、江山市、常山县、庆元县、淳安县、云和县、苍南县。

②　"消薄飞地"指由欠发达地区利用政府"消薄"扶持资金、村自筹发展资金和存量建设用地指标等资源，在结对市、县（市、区）选择发展较成熟地块发展物业经济、楼宇经济等，实现飞出地增收消薄。

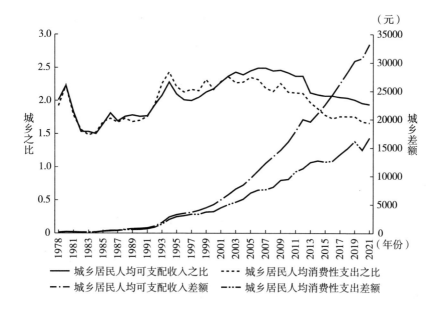

图 1-1 浙江省城乡居民收入和消费性支出差距的变化

注：①从 2013 年起，国家统计局开展了城乡一体化住户收支与生活状况调查，与 2013 年前的分城镇和农村住户调查的调查范围、调查方法、指标口径有所不同。②2012 年及以前农村居民人均可支配收入为人均纯收入。

资料来源：笔者根据《浙江统计年鉴（2022）》计算和绘制。

表 1-1　　　　　　浙江省城乡居民人均可支配收入地区差距

		2013 年	2014 年	2015 年	2016 年	2017 年	2018 年	2019 年	2020 年	2021 年
地区倍差	全体居民	1.76	1.75	1.75	1.72	1.70	1.69	1.67	1.64	1.61
	城镇常住居民	1.46	1.47	1.47	1.45	1.44	1.44	1.42	1.41	1.40
	农村常住居民	1.84	1.81	1.79	1.76	1.74	1.72	1.71	1.68	1.65
地区差额（元）	全体居民	15421	16811	18240	19371	20503	22103	23849	24135	25667
	城镇常住居民	12944	14219	15441	16217	17280	18615	19631	20134	21441
	农村常住居民	10225	11041	11838	12538	13364	14357	15482	16164	17212

注：地区差距为各地级市居民人均可支配收入最高与最低之比率或差额。

资料来源：笔者根据各年度《浙江统计年鉴》计算。

首先，随着工业化和城镇化的不断推进，加上种粮比较效益较低、土地用途管制不严等多方面原因，自改革开放以来，浙江省耕地面积和粮食播种面积均大幅下降，耕地"非粮化"现象突出。据全国三次国土（土地）调查数据，2009年年末浙江省耕地面积为2980.03万亩，比1996年一次调查时净减少207.98万亩；到2019年年末，浙江省耕地面积进一步下降到1935.70万亩，减少了1044.33万亩，下降幅度达35.04%，据全国各地区之首。浙江省人均耕地面积已经从1996年的0.72亩下降到2009年的0.56亩，2019年进一步下降到0.30亩（按常住人口计算）。从2000年到2020年，浙江省粮食播种面积从3450.4万亩减少到1490.1万亩，减少了56.8%。浙江省已由改革开放初期的粮食主产省①，转变为全国主要的粮食主销区，目前粮食自给率已经不到20%。保障国家粮食安全是全面建设社会主义现代化国家的底线要求和底板任务，浙江在高质量发展建设共同富裕示范区中，将面临十分艰巨而繁重的固底板任务。

其次，浙江省外来人口较多，加快农业转移人口市民化的任务十分艰巨。如果把"户籍在农村、居住在城镇半年以上的流动人口"即常住在城镇的农业户籍人口界定为农业转移人口，2021年浙江省农业转移人口总量为1746.8万人，其中，省外农业转移人口1524万人，占全省总量的87.2%；杭州、宁波、温州、金义四大都市区1363.7万人，占全省总量的78.1%。这些农业转移人口不仅在自身生产生活方面面临着"六难"，即增收难、居住难、就学难、保障难、融入难、安心难，而且在推进层面存在着工作统筹不够、公共服务资源紧缺、"人钱地"挂钩政策不完善等问题②。浙江省农业转移人口规模大，其总量约占全省常住人口总数的26.7%，远高于全国的平均水平。2021年，中国常住城镇的农业户籍人口共有2.55亿人，占全国总人口的18.02%。这表明，尽管浙江省推进共同富裕走在全国前列，但在推进农业转移人口市民化方面仍是制约浙江省高

---

① 1994年，在《国务院批转财政部等部门关于粮食政策性财务挂帐停息报告的通知》中，依据1992年、1993年全国平均人均粮食产量确定了11个粮食主产省份，其中就包括了浙江省。

② 浙江省发展改革委：《农业转移人口共同富裕问题研究》，2022年3月。

质量发展建设共同富裕示范区的一块短板。对浙江省而言，没有农业转移人口的共同富裕，就不可能真正实现全体人民的共同富裕。

需要指出的是，近年来尽管浙江省城乡区域收入相对差距在不断缩小，但其绝对差距仍在继续扩大。从 2013 年到 2021 年，浙江省城乡居民人均可支配收入绝对差额由 1.96 万元扩大到 3.32 万元，而人均消费性支出差额则由 1.25 万元扩大到 1.68 万元（见图 1-1）。同期，各地级市居民人均可支配收入最高与最低之差额也由 1.54 万元扩大到 2.57 万元，其中城镇居民地区差额由约 1.29 万元扩大到约 2.14 万元，农村居民地区差额由约 1.02 万元扩大到约 1.72 万元（见表 1-1）。山区 26 县（市、区）居民收入与全省平均水平的绝对差距也在不断拉大，2021 年扩大了 997 元。此外，浙江省在农村基础设施、公共服务、人居环境等方面仍存在诸多薄弱环节，推进城乡融合和一体化发展仍需持续努力。

第二节　全面打造城乡协调发展的引领区

推进城乡协调发展，逐步缩小城乡差距，实现城乡居民收入均衡化、基本公共服务均等化和生活质量等值化，既是实现全体人民共同富裕的内在要求，也是构建新发展格局、推动高质量发展的重要基础。浙江是中国城乡协调发展水平较高的地区，近年来在推进城乡融合发展、缩小城乡差距方面进行了积极探索，建设城乡协调发展引领区具有较好的基础和条件。在全面建设社会主义现代化国家新征程中，浙江应通过示范区建设，推动乡村振兴与新型城镇化全面对接，聚焦乡村产业、公共服务、以城带乡、农民福祉等关键问题，促进城乡深度融合发展，全面打造高质量的城乡协调发展引领区，充分发挥其引领、示范和带动作用。

一　筑牢现代乡村产业体系

缩小城乡发展差距，关键是加快农业农村发展，筑牢符合高质量发展和共同富裕要求的现代乡村产业体系。只有乡村产业兴旺了，才能为乡村振兴奠定坚实的基础。2021 年，浙江人均 GDP 达到 1.75 万美元，早已迈入高收入经济体行列，预计 2025 年左右将达到中等发达国家水平。据测算，浙江农业农村现代化也走在全国前列，处于全国第一梯队，有条件在 2025 年前后率先基本实现农业农村现代化①，在 2035 年基本实现高水平农业农村现代化。在加快农业农村现代化过程中，应在保障粮食安全底线的前提下，以农村功能定位为导向，突出乡村特色，加快乡村产业转型升级，建立具有浙江特色的现代乡村产业体系。

（一）树立保障粮食安全的底线思维

确保国家粮食安全是中央和地方政府的共同责任。无论是主产区、主销区，还是产销平衡区，都具有不可推卸的保障粮食安全责任。对于像浙江这样一个粮食主销区而言，在全面推进乡村振兴的进程中，应该确保粮食种植面积不减少、产能有提升、产量不下降，稳定并提高粮食自给率。要实行最严格的耕地保护制度，全力推进"千亩方、万亩方"永久基本农田集中连片建设，进一步加大耕地"非粮化"治理，将有限耕地优先用于粮食生产；同时加快转变粮食生产方式，不断延伸粮食产业链，提升价值链，打造供应链，实现"三链"协调联动，从而破解粮食生产与农民增收的难题。

（二）不断提高农业发展质量和效益

要抓住耕地和种子两个要害环节，大力推进高标准农田建设，加强良种选育和推广服务，充分利用现代科技手段，不断增强农业综合生产能力，全面提高农业现代化水平。特别是，要立足浙江省情，大力推进农业生产方式转变和现代化，采取土地流转、托管、入股等途径，促进现代农业向规模化、集约化、工业化、数字化、社会化和绿色化方向发展，实现农业高质高效，打造高质量高水平的现

---

① 魏后凯、崔凯：《面向 2035 年的中国农业现代化战略》，《中国经济学人》（China Economist）2021 年第 1 期。

代农业强省。

（三）推动农村第一、第二、第三产业深度融合

农村产业融合发展应以农业为基础，符合农村功能定位。核心是充分挖掘农业的经济、文化、教育、生态、景观等多维功能，推动农业产业链条的多维延伸。一方面，要完善专业化的社会化服务体系，打造从田间到餐桌的农业全产业链，推动农业产业链条的纵向融合和一体化。另一方面，还要推动农业与农产品加工，文化旅游，电商物流，教育体验等第二、第三产业全面深度融合，实现农业产业链条的横向融合和一体化。要依托农村产业融合，形成共建共享的乡村发展共同体，让农民更多分享产业链增值的收益。

二　提升农村公共服务水平

为城乡居民提供更加普惠均等可及的基本公共服务，是实现共同富裕目标的基本要求，也是一项十分艰巨的底线任务。当前，中央已经明确提出到 2035 年要实现基本公共服务均等化，其核心是城乡基本公共服务均等化。浙江是中国改革开放的前沿，居民收入位居各省区之首，城乡区域发展相对均衡，有条件在全国率先实现城乡一体化发展和基本公共服务均等化。在推进示范区建设中，要按照高质量发展建设共同富裕示范区的要求和更高标准，着力提高农村公共服务供给水平、质量和效率，实现城乡公共服务优质共享。

（一）要提高农村公共服务的供给质量

近年来，浙江省基本公共服务均等化快速推进，正在由局域均等化向全域均等化迈进。从长远发展看，未来要按照城乡一体化和共同富裕的要求，在确保实现高水平基本公共服务均等化的基础上，推动基本公共服务从均等化走向匀质化。当前应兼顾补短板与拓面提质，进一步加强农村公路、环卫、文化、体育、信息等基础设施建设，推动实现城乡交通、供水、电网、通信、燃气等基础设施同规同网，促进农村基础设施和公共服务提档升级；要将农业农村新

基建列为优先领域，加快在农村布局 5G、人工智能、物联网等新型基础设施，积极引入信息化主流技术，推进服务农业农村的信息、融合和创新基础设施建设，筑牢数字乡村的发展基础。还要坚持"建管用"并重，加大资金、人员投入和政策支持，建立完善农村公共设施管护营运的长效机制。

（二）优化农村基础设施和公共服务布局

2021 年，浙江省常住人口城镇化率为 72.66%，预计 2035 年将超过 80%，达到 80.25%①。随着城镇化的推进，一些农村人口尤其是年轻人持续迁往城镇，未来农村人口将进一步减少，农村人口老龄化、村庄"空心化"和村庄数量减少将不可避免。为此，需要根据未来城乡人口的分布来调整优化农村基础设施和公共服务布局，促使公共资源配置与人口分布相匹配，避免因城乡人口迁移造成公共资源的浪费。值得注意的是，尽管政府有必要对村庄布局进行规划引导和调整优化，但这种村庄布局调整优化必须遵循乡村发展规律，以农民自愿为前提，以提高农民福祉为出发点和落脚点，还必须与未来乡村建设有机结合起来。对于那些有条件、集聚人口较多的村庄，应鼓励其向小城镇方向发展和转型。

三 扎实推进以城带乡

城市与乡村是一个互补互促、互利互融的有机整体。城市是引领、辐射和带动乡村发展的发动机，乡村则是支撑城市发展的重要依托和土壤，乡村振兴离不开新型城镇化的引领和城市的带动。打造城乡协调发展引领区，必须统筹推进新型城镇化与乡村振兴，强化以工补农、以城带乡，将城市的资本、人才、技术和服务优势与农村的资源和生态优势有机结合起来，形成 1+1 大于 2 的合力效应，使农村的比较优势得到充分发挥、发展潜力得到有效释放。

---

① 魏后凯等：《新型城镇化重塑城乡格局》，社会科学文献出版社 2021 年版，第54 页。

（一）积极鼓励城市资本和人才下乡

城市是各种优质要素和非农产业的集聚地，具有资本、技术、人才和市场优势，充分利用城市优质要素和现代生产经营方式，有利于激活农村的各类资源和要素，促进农业农村加快发展。鼓励城市资本和人才下乡是实现这种结合的有效形式。应该看到，城市资本下乡不单纯是带来资金，伴随着项目投资还会带来技术、人才、品牌和营销渠道等。政府应鼓励龙头企业和下乡资本扎根乡村，与合作社、村集体、农民等形成利益共同体，并在财政、税收、土地、产业等政策方面提供相应的配套支持。

（二）建立多形式的城乡发展共同体

目前，浙江一些地方已经在教育、医疗、文化等领域开展了形式多样的城乡发展共同体探索。应总结各地的有益经验，全面推进城乡产业、教育、医疗、文化、生态等共同体建设，使之成为推进城乡融合发展和一体化的重要载体。这种城乡发展共同体既是一个利益共同体，也是一个责任共同体，它将有利于形成利益共享、责任共担的多赢格局。嘉兴等地积极探索"飞地抱团"模式，把各村腾退的土地指标统一归集后，在工业园区、经济开发区等土地级差收益最大的黄金地段，通过县域统筹、跨镇经营、多村联合方式，集中发展产业项目，共享发展成果。"飞地抱团"既有力促进了乡村经济尤其是集体经济薄弱村的发展，又避免了各村独自发展带来的分散布局和缺乏规模效益问题，有利于城乡共建共享共荣。

（三）推动城市优质公共资源下沉乡村

教育、医疗卫生、文化等优质公共资源高度集中在城市地区，尤其是大中城市中心区，这是中国各地存在的普遍现象。要坚持城乡融合发展，以医共体、教共体等城乡共同体建设为主抓手，进一步加大公共资源向农村倾斜力度，推动城市公共设施向农村延伸、城市公共服务向农村覆盖、城市文明向农村辐射，促进优质医疗、教育资源、优质养老助老服务以及电商、快递、金融、法律和技术服务等向乡村下沉。

四 全面增进农民福祉

发展的最终目的是满足人民对美好生活的向往，不断改善人民生活品质，提高人民福祉水平。缩小城乡发展差距，不能采取人为的"削高填低"办法，而应该通过实施乡村振兴战略，加快推进农业农村现代化，不断提高农村居民收入和生活水平，全面增进农民的福祉，实现高水平的城乡共享繁荣。

增进农民福祉的关键举措是提高农民收入水平。中国是一个城乡差距较大的发展中大国，破解城乡二元结构、缩小城乡发展差距一直是政府追求的重要目标之一。近年来，虽然中国农村居民收入增长较快，城乡居民收入差距持续缩小，2021 年全国城乡居民人均可支配收入之比达到 2.50，但仍然处于高位，比 1985 年高 34.4%。浙江省农村居民收入水平连续多年位居各省区之首，城乡居民收入比也处于全国前列，但与发达国家相比仍有一定差距。在地级市层面，2021 年尽管嘉兴市城乡居民收入比达到 1.60，居全国地级及以上城市前列，但丽水市和金华市城乡居民收入比仍在 2.0 及以上。因此，要实现全省域城乡居民收入均衡化，今后浙江仍有很长的路要走。

为此需要采取多方面的有效措施，进一步拓宽农民增收渠道，建立完善农民持续稳定增收的长效机制。一是要稳定农民家庭工资性收入增长，尤其要通过筑牢现代乡村产业体系，不断提高农民家庭工资性收入中来自农业农村的工资性收入比重。二是促进家庭经营性收入快速增长，提高家庭经营净收入所占比重及其对农民增收的贡献率。三是全面深化农村改革，尤其是农村土地制度和集体产权制度改革，激活农村资源，打通资源变资本、资本变财富的渠道，不断拓宽增加农民财产性收入渠道，大幅度提高财产净收入所占比重及其对农民增收的贡献率。在 2021 年浙江省农村居民人均可支配收入构成中，人均财产净收入仅占 3.1%，其对农民增收的贡献率也只有 4.0%，浙江城乡居民人均财产净收入之比高达 9.02，未来大幅增加和拓宽农民财产性收入仍有很大的空间。

在此基础上，还需要加大财政转移支付和收入分配调节力度，进一步完善农业支持保护体系和乡村振兴政策，切实提高农民消费水平，全方位改善农民生活品质，缩小城乡消费和生活水平差距。虽然目前浙江城乡居民消费差距也处于全国较低水平，但离共同富裕的目标仍有较大距离。特别是，2021 年浙江省城乡居民人均转移净收入之比高达 2.53，远高于全国平均水平，其中城乡居民人均养老金或离退休金之比为 3.02，城乡居民人均报销医疗费之比为 2.27。为此，要按照示范区的战略定位和目标要求，进一步加大政策支持力度，切实提高农村居民社会保障水平，全面改善农村人居环境，并采取有效措施扩大和刺激农村消费，消除抑制消费的各种障碍，优化农村消费环境，不断提高农民的消费水平，促进生活质量的等值化，使城乡居民同样能够享受高品质的生活。

第三节　加快建设区域协调发展的引领区

当前，中国经济已经"由高速增长阶段转向高质量发展阶段"[1]。高质量发展是当前及今后较长一个时期内中国经济社会发展的主题，它是对所有地区、所有行业和领域提出的新要求。而区域协调发展旨在增强区域发展的平衡性和协调性，它是中国经济高质量发展的应有之义。在迈向高质量发展的新时代，我们所追求的区域协调发展，其实质就是区域高质量协调发展。浙江推进高质量发展建设共同富裕示范区，应将区域高质量发展与区域协调发展有机结合起来，在高质量发展中推动实现区域协调发展和共同富裕，走区域高质量协调发展之路。

---

① 习近平：《决胜全面建成小康社会　夺取新时代中国特色社会主义伟大胜利——在中国共产党第十九次全国代表大会上的报告》，人民出版社 2017 年版，第 30 页。

一 加快农业转移人口市民化

农业转移人口市民化是指从农村转移到城镇的人口，在经历城乡迁移和职业转变的同时，获得城镇永久居民身份、平等享受城镇居民各项社会福利和政治权利，成为城镇居民并完全融入城镇社会的过程①。加快农业转移人口市民化，推动农业转移人口全面融入城市，实现在城镇稳定就业生活，享有与城市居民同等待遇，既是推进以人为核心的新型城镇化的首要任务，也是高质量发展建设共同富裕示范区的题中之义。

（一）要增强共建共享的发展理念

浙江农业转移人口规模大，市民化任务重，过去一些地方推进市民化积极性不高，并非完全是地方财政匮乏，思想认识不足也是重要原因之一。农业转移人口市民化问题的本质，就是农村户籍人口从当地或者外地进入城镇，参与城镇现代化建设，在这种共建中却没能实现发展成果的全面共享。为此，要进一步提高思想认识，强化共建共享的发展理念，消除对农业转移人口尤其是省外农业转移人口的歧视，对农业转移人口与城市户籍居民、省内外农业转移人口一视同仁，真正使他们在参与城市现代化建设的过程中能够全面共享发展成果，推动实现农业转移人口共同富裕。

（二）继续全面深化户籍制度改革

近年来，浙江省户籍制度改革不断深化，城市落户政策全面放宽、类型日趋多样，目前仅杭州市实行积分落户（见表1-2）。从近期看，除杭州市区外，其他城市都要全面取消落户限制，试行以经常居住地登记户口制度。从长远发展看，作为一种带有歧视性的临时性措施，积分落户制度实际上是一种不得已的办法，也应逐步放宽落户限制，并限期取消。2021年，杭州市城镇常住人口为1020.3

① 魏后凯、苏红键：《中国农业转移人口市民化进程研究》，《中国人口科学》2013年第5期。

万人，其中农业转移人口 410.9 万人，占城镇常住人口的 40.3%，占全省农业转移人口的 23.5%。有人担心取消积分落户可能会带来杭州人口的迅速膨胀。从国内外经验看，可以考虑按照功能疏解引导产业疏散，以产业疏散引导人口扩散的办法来从根本上加以解决。

表 1-2　　　　　　　　　　浙江省落户政策一览

序号	落户类型	具体条件
1	投靠落户	夫妻投靠，子女投靠（未成年子女投靠），父母投靠
2	居住落户	产权房屋落户、租赁落户（根据居住年限落户，各地条件不一样，大部分需要半年、部分需要一年）
3	人才落户	全日制或非全日制专科院校、中等职业学校（含技校）及以上学历人员，具有初级以上专业技术职称或高级技能以上职业资格，技师及紧缺人才等，各地条件不一样
4	就业落户	根据社保缴纳年限落户，各地条件不一样，基本在半年至一年
5	调动落户	随军家属、工作调动（公务员）等
6	积分落户	仅杭州市执行

资料来源：浙江省发展改革委。

（三）建立完善市民化的长效机制

就农业转移人口市民化而言，户籍制度改革只是一种表象。市民化的核心是基本公共服务均等化，因此，按常住地提供基本公共服务，加快推进基本公共服务均等化，将是市民化的治本之策。按照《浙江省基本公共服务标准（2021 年版）》，在浙江省纳入标准的 95 项基本公共服务中，目前户籍人口和非户籍常住人口享受条件存在差异的还有 12 项，涉及最低生活保障、社会救助、城乡居民保险、公租房保障、优军优抚服务 5 个方面（见图 1-2）。进一步推进浙江省农业转移人口市民化，要以社会保障等为着力点，以城镇常住人口为依据按常住地提供基本公共服务，不断扩大居住证享受的基本公共服务范围，推进基本公共服务向常住人口全覆盖，加快建立农业转移人口市民化长效机制，使农业转移人口能够同等享受城镇公共服务。总体上看，浙江推进基本公共服务均等化可以考虑分三步走：一是基本公共服务城镇常住人口全覆盖；二是基本公共服务城乡常住人口全覆盖；三是基本公共服务全省常住人口全覆盖，实现全省域高水平均等化。

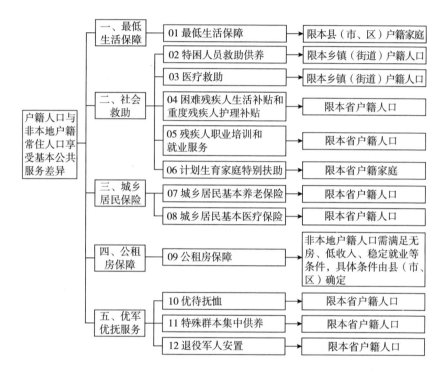

图1-2　浙江户籍人口与非户籍常住人口享受基本公共服务的差异

资料来源：浙江省发展改革委。

二　不断提高省域一体化水平

推进长三角一体化发展是国家区域重大战略之一。2019年中共中央、国务院印发的《长江三角洲区域一体化发展规划纲要》明确指出：到2025年，长三角一体化发展取得实质性进展，在科创产业、基础设施、生态环境、公共服务等领域基本实现一体化发展；到2035年，长三角一体化发展达到较高水平。浙江要全方位参与并融入长三角一体化，就必须在县域、市域一体化的基础上，加快推进省域一体化，切实提高省域一体化水平，以为实现全域共富奠定坚实基础。

（一）要优化省域空间发展格局

优化重大生产力布局和国土空间发展格局，构建优势互补、高质量发展的区域经济布局和国土空间体系，这是新时期促进区域协调发展的重要任务。2021 年 5 月，浙江省发展和改革委员会印发《浙江省新型城镇化发展"十四五"规划》，明确提出提升杭州、宁波、温州、金义四大都市区核心区的极核功能，构建贯通大都市区的北部环杭州湾、东部甬台温、中部杭金衢、南部金丽温四大城市群，形成省际互联、省内互通的"井"字形网络化城镇化布局。浙江省第十五次党代会报告又提出加快建设世界级大湾区和现代化基础设施体系，构建"一湾引领、四极辐射、山海互济、全域美丽"空间格局，并将全省划分为杭绍甬舟、温台、嘉湖、金衢丽 4 个重要战略区域，明确了 11 市的发展方向和建设目标。既然发展蓝图已经绘就，未来重点就是全面抓好落实，要以城市群和都市圈为主体形态，以县城为重要载体，加快推进以人为核心的新型城镇化，促进大中小城市和小城镇协调发展，构建更高质量的共富型城镇化格局。同时，要面向长三角，按照优势互补、错位竞争、合理分工、协调发展的原则，构建全省域的现代新型产业分工体系，提升全产业链的竞争力和控制力。

（二）全面推进省域一体化进程

省域一体化是区域一体化的重要战略环节，它有助于在全省范围内实现要素合理流动和资源优化配置，有助于省内各市县避免重复建设，形成优势互补、合理分工格局，实现全省域更均质化高水平发展。浙江省推进县域和市域一体化起步较早、基础较好，现已具备全面推进省域一体化的条件。一方面，要继续巩固提升县域和市域一体化。县域一体化要以城乡全面融合和一体化发展为重点，推动实现城乡功能布局一体化、城乡要素流动便利化、城乡资源配置均衡化、城乡产业发展融合化和城乡融合模式多元化①。市域一体化重在处理好中心城区与县域的关系，充分发挥中心城市对县域的带动和辐射作用，促进中心城市与周边地区深度融合和一体化发展。另一方面，要充分发挥各种一体化平台和载体的作用，在全省域范围内加快推进市场、要素、基础设施、公共服务、产业发展、生态环境治理和规划政策等一体化，不断提高省域一体化水平。尤其是，要加快推进杭绍、杭嘉、嘉湖、甬绍、甬舟和甬台等一体化合作先行区建设，充分发挥其示范、引领、标杆和带动作用；以杭州、宁波、温州、金义四大都市区为载体，全面推进大都市区同城化发展，使区内各城镇和城乡有机融合为一体。

三　深化完善先富带后富机制

对于像浙江这样的沿海经济较发达省份，促进省内区域协调发展主要是省级政府的责任。对于地级市而言，如何促进中心城区与其他县域的协调发展，也是各地级市政府义不容辞的责任。各地区由于发展条件和基础的不同，其发展速度必定会有快有慢、水平会有高有低，有的地区因起步较早、条件较好率先富裕起来了，而有的地区发展仍相对滞后。浙江在高质量发展建设共同富裕示范区的进程中，必须在建立有效市场的基础上更好发挥有为政府的作用，深化完善先富带后富、先富帮后富机制，以推动实现全域共同富裕。

（一）打造"山海协作工程"的升级版

全面深入实施"山海协作工程"，充分发挥有效市场和有为政府的合力作用，采取灵活多样的形式发展飞地经济，推动"科创飞地""产业飞地"等精准落地，打造一批"新型帮扶共同体"。"新型帮扶共同体"是浙江省针对山区、海岛启动实施的由省级机关、省内

---

① 魏后凯等：《新型城镇化重塑城乡格局》，社会科学文献出版社 2021 年版，第260—263 页。

院校、三甲医院、国有企业（含央企驻浙企业）、金融机构、经济强县（市）和民营企业共同组成的全域结对帮扶新模式。其目的在于建立政社企协同、县村户并进、山海原（山区、沿海、平原）联动、资技才（资金、技术、人才）合力的帮扶体系。应该看到，在社会主义市场经济体制下，山海协作不能只靠政府拉郎配，要加快完善山海市场化共建共享机制，通过制度安排和利益分配机制，激发先富地区参与合作的主观能动性，积极探索联合招商、财税分成、市场运行等具体实现路径。同时，还要进一步深化产业链山海协作机制，推动山海协作结对市县开展产需对接、产用结合和产业链上下游整合，推动项目共招共引、平台合作共建，引导技术、资本、市场等与山区、海岛生态资源有机结合，培育壮大一批新兴的现代产业集群。

（二）多途径有效破解村庄分化

作为当前全国各地出现的普遍现象，村庄分化将激发农村社会矛盾，加大农村治理的难度，不利于推进农民农村共同富裕。在迈向共同富裕的新形势下，亟须打破各自为战的单村发展格局，加快推进跨村联合发展，因地制宜采取"飞地抱团"[①]、强村公司、片区组团等多种形式，探索村集体经济发展新路径。要鼓励各地集体经济组织采取联建联营、股份合作方式，整合、盘活集体资源资产，联合发展产业项目，实行按股分红；鼓励先发展起来的经济强村与周边基础较差的薄弱村共建项目、联合发展，探索"先富带后富、强村带弱村"发展路径；充分发挥党建的引领作用，推动跨村联合、抱团发展。同时，尽快在省级层面制定推动联村发展的意见，明确新时期推动联村发展的重要意义、总体要求和重点任务，提出联村发展的规范流程、利益分配、制度安排和相关支持政策，避免在联

① "飞地抱团"主要是指由市镇、县域、市域或跨地市等不同层级进行统筹，将闲置或低效利用的土地指标集中到发展潜力大、投资效益好的区域，发展集约化、规模化的经济，并通过适当的利益分配方式，确保参与"飞地抱团"的村集体共享发展成果。"飞地抱团"是打破单一村集体资源散而小、发展不集约、村集体经济分化等问题的重要模式。

村发展过程中因处置不当造成对村集体经济和农民利益的损害，影响集体经济可持续发展。此外，还要制定相应的支持政策，引导和鼓励国有企业、有实力的民营企业发挥资金、技术、人才和品牌优势，采取多种形式参与乡村振兴，全方位开展与农村集体经济深度合作，积极探索合作发展的新模式和新途径，推动农村集体经济加快转型升级。

（三）支持特殊地区的振兴发展

一方面，要支持革命老区和少数民族地区加快振兴发展。浙江省有 1 个少数民族自治县，即丽水市景宁畲族自治县，还有 32 个革命老区县。2021 年，浙江省民政厅联合省革命老区开发建设促进会开展了革命老区乡镇（街道）调整认定工作，最终确定全省共 515 个革命老区乡镇（街道）、6854 个革命老区村。要全面落实相关政策并加大支持力度，充分发挥其绿色生态优势、红色资源优势和特色产业优势，支持革命老区和少数民族地区加快振兴发展。另一方面，要加大对重点生态功能区和产粮大县的支持力度。在全国 800 个产粮大县中，浙江省有两个，包括诸暨市和平湖市。浙江省虽然是粮食主销区，同样具有保障国家粮食安全的责任，可以考虑在省内划分粮食主产县，并加大省级财政奖补的力度。同时，按照国家主体功能区规划，浙江省还有一些县域属于限制和禁止开发区域。2021 年，中央财政对浙江省的重点生态功能区转移支付为 4.98 亿元。应进一步完善主体功能区制度，加大省级财政对重点生态功能区的转移支付和政策支持力度，建立多元化的生态产品价值实现机制。

第二章　打造城乡协调发展的引领区

　　城市与乡村是相互依存、相互融合、互促共荣的生命共同体，城市是引领、辐射和带动乡村发展的发动机，乡村则是支撑城市发展的重要依托和土壤①。尊重城乡之间的功能互补和相互依存性质，全面促进城乡协调发展，是实现城乡融合与一体化、解决中国城乡发展不平衡问题的必然选择。促进城乡协调发展的过程就是在互补、互促、互利和互融中形成城乡生命共同体，实现城乡居民收入均衡化、基本公共服务均等化、居民生活质量等值化，这既是实现全体人民共同富裕的内在要求，也是构建新发展格局、推动高质量发展的重要基础。浙江省的城乡协调发展水平位于全国前列，近年来在健全城乡协调发展体制机制、加快城乡基本公共服务均等化、探索城乡协调发展路径等方面积累了丰富经验。在全面建设社会主义现代化强国的新征程中，浙江应立足经验和现状，以高质量发展为目标，力争到 2025 年，率先实现城乡基本公共服务均等化和城乡一体化发展，城乡发展差距和居民生活水平差距显著缩小，形成阶段性标志性成果，充分发挥城乡协调发展引领区的示范、标杆和带动作用；力争到 2035 年，城乡居民收入达到发达经济体水平，城乡协调发展程度更高，基本实现城乡等值和共富，城乡协调发展引领区全面建成。为加快全面打造城乡协调发展引领区，浙江要加强关键领

---

　　① 魏后凯：《深刻把握城乡融合发展的本质内涵》，《中国农村经济》2020 年第 6 期。

域的先行先试，前瞻布局省域城乡发展空间"新蓝图"，加快畅通省域城乡协调发展"要素流"，着力构建省域城乡融合发展"共生链"，全面提升城乡居民生活质量"等值化"，创新打造全方位、多层次的城乡协调发展样板，充分发挥示范引领作用。

第一节　浙江城乡协调发展格局特征

近年来，浙江坚持以城带乡、以工促农、城乡一体，在统筹城乡发展、重塑新型城乡关系方面成效显著，居民收入分配格局持续优化，基本公共服务水平不断提高，居民生活质量稳步提升，城乡发展协调性明显增强，呈现出较高水平的城乡居民收入均衡化、城乡基本公共服务均等化、城乡居民生活质量等值化的格局特征。

一　城乡居民收入均衡化

浙江城乡居民收入倍差呈现出持续缩小态势，这与多年来富有浙江特色的发展道路有关。如民营经济相对发达，"创业富民"氛围浓厚；制度层面不断创新，人才、资金等要素流动畅通，就业增收渠道畅通；财政支农惠农力度大，低收入农户收入较快增长；新型城镇化深入推进，2021年城镇化率达到72.7%。在城乡统筹发展格局下，浙江省农村居民收入增速高于城镇居民，低收入农户收入增速快于全省农户，城乡居民收入倍差持续缩小，城乡居民收入均衡化水平位于全国前列。

（一）浙江省的城乡居民收入均衡化是平均水平较高条件下的城乡收入差距收敛

2021年，浙江省居民人均可支配收入为57541元，居全国第3位、省区第1位，是全国唯一一个所有设区市的人均可支配收入均超过全国平均水平的省份。在居民人均可支配收入的较高水平条件下，浙江省农村居民收入增速高于城镇居民（见表2-1）。2021年，浙江省农村居民人均可支配收入为 35247 元，连续 37 年位居全国省区第一，与 2020 年相比名义增长 10.4%，扣除价格因素实际增长 8.9%。从收入结构来看，2021 年，农村居民在工资性收入、经营性收入、财产性收入和转移性收入这四个收入支柱的同比增长速度都高于城镇居民，表现出城乡收入在内部结构上的全方位收敛趋势。

表 2-1 　　　　　　2021 年浙江省居民人均收支主要指标

指标	全省居民		城镇常住居民		农村常住居民	
	绝对数（元）	比上年增长（%）	绝对数（元）	比上年增长（%）	绝对数（元）	比上年增长（%）
人均可支配收入	57541	9.8	68487	9.2	35247	10.4
工资性收入	32821	9.2	38421	8.6	21434	9.9
经营性收入	9294	11.8	9671	11.5	8527	12.2
财产性收入	6905	12.5	9765	11.6	1082	13.9
转移性收入	8520	8.0	10639	7.4	4205	8.6
人均生活消费支出	36668	17.2	42193	16.6	25415	17.9

资料来源：笔者根据《2021 年浙江省国民经济和社会发展统计公报》数据整理。

（二）浙江省城乡居民收入均衡化的主要表现是城乡居民收入倍差的持续缩小

2020 年，浙江省城乡居民收入比为 1.96，实现自 1993 年以来首次降至 2 以内。2021 年，浙江省城乡居民收入倍差由 2020 年的 1.96 倍缩小到 2021 年度的 1.94 倍，远低于全国 2.50 的平均水平，连续 9 年保持缩小态势，呈现出城乡收入相对差距持续缩小的趋势。2021 年，杭州、宁波、绍兴、舟山和嘉兴的居民人均可支配收入超过 6 万元，且城乡居民人均可支配收入比已降至 1.75：1 以内。山区 26 县（市、区）居民城乡收入比仅高于天津、黑龙江、浙江水平，远低于全国平均水平，协调特征不断显现。

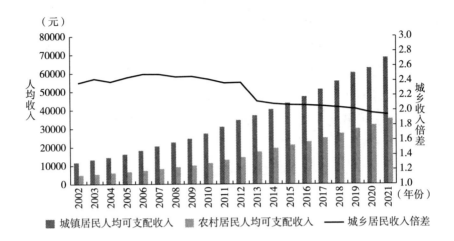

图 2-1　2002—2021 年浙江城乡居民人均可支配收入及倍差

资料来源：笔者根据《浙江统计年鉴（2022）》整理。

（三）低收入农户收入增长有力支撑了跨越城乡的橄榄型社会结构雏形

2021 年，浙江省家庭年可支配收入 10 万—50 万元群体（三口之家）比例达到 72.4%，20 万—60 万元群体比例达到 30.6%，以中等收入群体为主体的橄榄型社会结构已初具雏形①。近年来，浙江省低收入农户收入增速快于全省农户，这为构建跨越城乡的橄榄型社会结构奠定了扎实基础。2015 年浙江率先消除低收入农户家庭人均纯收入 4600 元以下贫困现象，2016 年低收入农户人均可支配收入突破万元大关，2020 年增至 14365 元，年家庭人均可支配收入 8000 元以下情况全面清零。2021 年，低收入农户人均可支配收入达到 16491 元，年人均可支配收入增长 14.8%，高出全省农民收入增速 4.4 个百分点，年家庭人均可支配收入 9000 元以下现象全面消除，远高于全国平均水平，为浙江推动率先基本形成以中等收入群体为主体的

———————
① 按照《浙江省"扩中""提低"行动方案》，浙江省推动率先基本形成以中等收入群体为主体的橄榄型社会结构，其核心指标是到 2025 年，浙江家庭年可支配收入 10 万—50 万元群体比例达到 80%、20 万—60 万元群体比例达到 45%。

橄榄型社会结构提供了强韧的底部支撑。

二　城乡基本公共服务均等化

城乡基本公共服务均等化既是城乡居民福祉平等与机会均等的保障，也是城乡居民共享改革发展成果的体现。推动城乡基本公共服务均等化，缩小城乡发展差距和居民生活水平差距，是促进共同富裕的重要议程。2021 年，浙江基本公共服务均等化实现度超 98%[①]，城乡教育、医疗卫生、基本生活保障等方面的均等化水平走在全国前列。

（一）城乡义务教育优质均衡水平明显提升

2020 年年底，浙江省实现乡镇公办中心幼儿园全覆盖，2021 年新建和改扩建农村普惠性幼儿园 113 所、新增学位 3.75 万个，新改扩建中小学 116 所、新增学位 15 万个。2020 年义务教育入学率为 99.99%，义务教育标准化学校达标率为 98.6%，义务教育学校校际差异系数控制在 0.3 以内。"互联网+义务教育"中小学校结对帮扶实现乡村小规模学校受援全覆盖。城乡一体化义务教育保障机制加快建立，率先在全国各省区中基本普及从学前三年到高中段的 15 年教育。从 2021 年推进城乡义务教育共同体建设以来，城乡教育共同体（下称"教共体"[②]）结对帮扶落地见效，2021 年年底，浙江省城乡教共体结对学校累计达 3685 家，实现乡村学校教共体全覆盖和城镇公办学校 80%覆盖率，在县域城乡教育共同体基础上，2022 年，又进一步组成跨地区城乡教共体结对学校，进一步提升跨地区的城乡义务教育优质均衡水平。

（二）城乡医疗公平性、可及性和效率明显改善

通过推进城市优质医疗资源下沉、开展分级诊疗推进合理有序就

---

① 《浙江在高质量发展中奋力推进共同富裕（中国这十年·系列主题新闻发布）》，《人民日报》2022 年 8 月 31 日第 2 版。

② "教共体"是指义务教育阶段城镇优质学校与乡镇学校结对形成办学共同体，以强带弱，共同发展，其目标是提升城乡义务教育优质均衡水平。

医、加强医联体以及县域医共体建设和数字医共体建设，城市三甲医院优质医疗资源向县级医院下沉和覆盖。2021 年浙江全省 72 个县（市、区）1160 家卫生院、200 家县级医院组建成 162 家医共体；99.7%的乡镇卫生院开设夜门急诊，98.2%开展门诊小手术，72.8%提供住院服务。在国家紧密型县域医共体建设试点成效监测评价中，浙江省考核成绩位列全国第一位。

（三）社会救助城乡同标化，构筑公平保障的基底

浙江省社会救助保障标准不断提高，并实现城乡同标。全省最低生活保障人均标准从 2012 年的农村每人每月 350 元、城镇每人每月 447 元，提高到 2022 年 6 月城乡同标每人每月 949 元，同时，全省 15.2 万人被纳入低保边缘救助，50 个县（市、区）低保边缘救助标准提高至低保标准的 2 倍。最低生活保障和低保边缘救助的城乡同标，有力保障了城乡居民生活的底线公平。

三　城乡居民生活质量等值化

城乡共富不是耕地变厂房、农村变城市的单向更替，而是功能互补条件下的城乡等值化[①]。城乡等值化是城乡一体化的重要标志，也是统筹城乡发展、实现城乡一体化的重要途径[②]。其中，提高生活质量是社会发展的核心目标之一，实现城乡居民生活质量等值化，是乡村振兴和城乡融合发展的重要目标，也是城乡协调发展的重要体现。近年来，在公共设施条件均衡化条件下，城乡居民生活质量等值化程度达到较高水平。

---

① "城乡等值化"源于德国巴伐利亚州在第二次世界大战后的城乡等值化实验。该模式主要通过土地整理、村庄革新等途径，缩小城乡差距，促进农村经济与城市经济平衡发展，进而实现"农村与城市生活不同类，但等值"的建设理念以及"在农村生活，并不代表可以降低生活质量"的目的。该模式后来成为德国农村发展的普遍模式，并从 1990 年起成为欧盟农村政策的方向。

② 李文荣、陈建伟：《城乡等值化的理论剖析及实践启示》，《城市问题》2012 年第 1 期。

（一）城乡基础设施条件均衡化，从生活便利性、服务可及性等方面支撑城乡居民生活质量等值化

2020 年，浙江省通公路的村占比超 99.9%，具备条件 200 人以上自然村公路通达率达到 100%，农村公路优良中等路比例超 85%，村内主要道路为水泥和柏油路面的比重为 99.0%；客运班车"村村通"成果持续巩固，行政村通客车全覆盖。城乡供水一体化和区域供水规模化有效推进，农村饮用水达标人口覆盖率超 95%，水质达标 92% 以上，基本实现城乡居民同质饮水。2020 年，浙江省农业农村信息化发展总体水平达 66.7%，远超全国 37.9% 和东部地区 41% 的发展水平，居全国各省（市、区）首位；农业生产信息化水平达 41.6%，高于全国平均水平 19.1 个百分点，位居全国第二。新型基础设施方面，2021 年年底，浙江省加快乡村宽带、5G 基站、农产品冷链物流设施等建设，全省行政村实现 4G 和光纤全覆盖，重点乡镇实现 5G 全覆盖，城乡间数字基础差距不断缩小。主要基础设施实现行政村全覆盖和城乡间互联互通，支撑了城乡间生活便利程度大体相当。

（二）农村人居风貌持续提升，从生活品质、居住体验等方面支撑城乡居民生活质量等值化

2021 年，浙江省实现生活垃圾集中收集处理行政村全覆盖，农村生活垃圾分类处理行政村覆盖率达 96%，生活垃圾"零填埋"。推动农村生活污水处理设施标准化运维，实现规划保留村生活污水治理全覆盖。农村改厕扩面提升，成千上万的普通农户家庭用上了冲水马桶，实现全省无害化卫生厕所普及率 99.5%，建有公共厕所的行政村比例达 99.9%。城乡人居体验差距逐步缩小，乡村人居环境品质走在全国前列。

表 2-2　　　　　　　　2021 年度浙江省城乡协调推进一览

序号	指标	2021 年	全国（省区）排名情况
1	城乡居民人均可支配收入（元）	57541	全国第三，省区第一
2	城镇常住居民人均可支配收入（元）	68487	连续 21 年居省区第一
3	农村居民人均可支配收入（元）	35247	增速连续 15 年快于城镇居民
4	城乡居民收入差距倍差	1.94	连续 9 年呈缩小态势
5	农村居民人均消费支出（元）	36668	省区第一
6	中国美丽休闲乡村（个）	12	全国并列第一
7	户籍人口城镇化率（%）	54.9	全国第四
8	常住人口城镇化率（%）	72.7	全国第三
9	城镇新增就业（万人）	122.4	占全国近 1/10

资料来源：国家统计局浙江调查总队、浙江省人力社保厅。

第二节　浙江推进城乡协调发展的有益探索

转变城市偏向发展观念，创新乡城关系新认知是破解社会经济发展不平衡、不充分问题的重要前提[1]。城乡融合发展的关键是农业生产与工业生产的投资收益率趋同、人均收入趋同[2]。这个过程不是自发产生的，而是需要城乡趋同的制度建设，来保障要素、产品、信息等充分流动，实现配置效率。从发达国家经验来看，法国以土地集中和产业再分布实现"均衡化"发展，德国以"城乡等值化"开展主动改革，美国以完善制度和服务体系推进"城乡共生型"发展，日本以组织化设计和体制化运作形成农业振兴体系[3]。这些经验针对性地解决了具体国情下的主要矛盾，其做法可资借鉴。从浙江实践来说，推进城乡协调发展的探索具有多元路径互补、共同发力的特

---

①　刘彦随等：《全球乡城关系新认知与人文地理学研究》，《地理学报》2021 年第 12 期。
②　金成武：《中国城乡融合发展与理论融合——兼谈当代发展经济学理论的批判借鉴》，《经济研究》2019 年第 8 期。
③　茅锐、林显一：《在乡村振兴中促进城乡融合发展——来自主要发达国家的经验启示》，《国际经济评论》2022 年第 1 期。

征。改革开放以来，浙江经济社会发展走在全国前列，其中一条至关重要的经验是较早转变发展理念、转向统筹城乡发展的实践。进入 21 世纪尤其是党的十八大以来，浙江践行统筹城乡发展的理念，在推进城乡融合发展、缩小城乡差距方面进行了积极探索，持续推进城乡区域协调发展。

一　坚持规划先行优化城乡布局

改革开放以来，浙江省自下而上的工业化、城镇化模式在推动经济社会发展的同时，也较早凸显了城乡脱节、城市规划错位打架等现象。习近平同志主政浙江期间，推动省域城乡统筹，一张蓝图绘到底，多年来，浙江坚持以习近平同志关于统筹城乡发展的重要论述为指导，持续引领优化城乡布局。

（一）以城镇体系规划统筹省域城乡空间发展

2006 年开始，浙江省在全国率先开展并完成新一轮省域城镇体系规划编制。《浙江省城镇体系规划（2010—2020）》提出了"三群四区七核五级网络化"①的省域城镇空间结构和"47624"②的城镇等级规模体系，为优化全省城镇空间布局、合理配置空间资源、促进地区可持续发展并指导城乡规划和建设管理提供了依据。

（二）以城乡规划方案和城乡规划条例构建城乡规划体系

2005 年，浙江省出台《浙江省统筹城乡发展、推进城乡一体化纲要》，明确提出统筹城乡发展、推进城乡一体化工作的指导思想、主要任务和战略举措。浙江省在全国率先开展城乡全覆盖的县（市）域总体规划编制实施工作，在国内率先建立县（市）域总体规划与

---

①　"四区"为杭州、宁波、温州以及金华—义乌四个都市区，"七核"为嘉兴、湖州、绍兴、衢州、舟山、台州、丽水等中心城市，"五级"是指由长三角区域中心城市、省域中心城市、县（市）域中心城市、重点镇和一般镇构成的五级城镇体系，是支撑浙江省城乡统筹发展的重要空间节点。

②　"47624"即"四区"（四大都市区）、"七核"（七大中心城市）、60 个县城与少数市级中心镇（小城市）、200 个中心镇、400 个一般镇组成的五级城镇体系。

土地利用总体规划"两规"衔接协调机制，2006 年制定实施《关于进一步加强城乡规划工作的意见》①《关于加快推进县市域总体规划编制工作的若干意见》②，创新性地构建城乡全覆盖的空间规划管治体系，到 2018 年年底，县（市）域总体规划编制工作全面完成。2010 年，浙江省制定施行城乡规划《浙江省城乡规划条例》③，加强城乡规划管理，协调城乡空间布局。通过多轮小城市培育试点和中心镇、中心村培育工程，浙江省持续调整城乡土地利用结构和空间布局，提升空间集聚性和合理性，统筹城乡发展。

（三）适应新发展阶段要求，科学推进新型城镇化发展

2021 年，浙江省出台《浙江省新型城镇化发展"十四五"规划》，坚持统筹布局与城乡融合并举，将全省作为一个整体、城乡作为一个有机生命体，强调城市与乡村的整体性，统筹推进新型城镇化和乡村振兴战略，以体制改革和试点突破为总策略，高水平重塑城乡关系，促进资源要素在城乡之间的优化配置和自由流动，推动城镇化由以往的城乡不平衡发展向城乡融合发展转变。

二　统筹城乡风貌建设全域共美

城乡风貌是承载城市人口、产业和功能的重要支撑，也是百姓获得感和幸福感的重要来源。浙江在推进城乡协调发展的过程中，把城乡风貌整治提升工作作为增进民生福祉的重要内容，深化环境综合整治，尊重规律、循序渐进推进美丽城镇和美丽乡村建设，高质量推进城乡风貌提升，为城乡协调发展提供环境和功能支撑。

（一）持续深化"千万工程"、推进美丽乡村未来乡村建设，从农村发力促进城乡协调发展

2003 年，时任中共浙江省委书记的习近平同志在深入调研、准

---

① 该文件于 2021 年 1 月 7 日废止。
② 该文件于 2021 年 12 月 11 日废止。
③ 《浙江省城乡规划条例》于 2010 年 5 月 28 日经浙江省第十一届人民代表大会常务委员会第十八次会议通过，自 2010 年 10 月 1 日起施行。

确把握浙江"三农"工作和城乡关系阶段性特征基础上，亲自部署推动了"千村示范、万村整治"工程（从全省选择 1 万个左右行政村进行全面整治，把其中 1000 个左右中心村建成全面小康示范村，简称"千万工程"），将"千万工程"定位为推动农村全面小康建设的基础工程、统筹城乡发展的龙头工程、优化农村环境的生态工程、造福农民群众的民心工程。"千万工程"深刻改变了浙江农村，2018年，浙江"千村示范、万村整治"工程被联合国环境规划署授予最高环保荣誉——"地球卫士奖"，截至 2021 年年底，浙江省已建成15841 个新时代美丽乡村达标村，无害化卫生厕所普及率达到 99%，96%的行政村实现乡村生活垃圾分类处理。浙江 1.97 万个村庄中，新时代美丽乡村有 1.58 万个，累计建成了 665 条美丽乡村风景线、1835 个特色精品村。"千万工程"不仅给浙江农村带来了环境革命、生态革命，更带来了农业发展方式革命、农民生活方式革命。2018年，浙江省提出在新起点上全力打造"千万工程"升级版，把浙江全省建成大花园，并强调要突出城乡融合，坚持规划引领、区域协调、陆海联动。2022 年以来，浙江已初步构建起未来乡村建设的目标体系、工作体系、政策体系和评价体系，以"千村未来、万村共富、全域和美"深化"千万工程"建设新时代美丽乡村。

（二）通过统筹推进城乡风貌，进一步促进城乡人居环境协调和提升

率先出台《新时代美丽乡村建设规范》省级地方标准，全面打造新时代美丽乡村，2021 年，创建美丽乡村示范县 11 个、美丽乡村示范乡镇 110 个、特色精品村 315 个；新时代美丽乡村达标村 5512个，全省 50%以上行政村建成新时代美丽乡村。坚持"三大革命"，持续改善人居环境，通过一体化实施专项整治农村垃圾、污水、厕所革命，全域化、标准化推进新时代美丽乡村建设。从 2021 年下半年开始，浙江全面启动实施城乡风貌整治提升行动，制定出台《浙江省城乡风貌整治提升行动实施方案》，陆续出台《浙江省城乡风貌

样板区建设评价办法（试行）》《浙江省县域风貌技术指引——乡村风貌典型问题篇（一）》等技术文件。联动整合城乡风貌、未来社区、未来乡村和美丽城镇建设等工作，推动建立共推共管机制。以湖州市德清县为例，绿色生态旅游发展县域风貌样板区与未来乡村联动建设，通过"整合生态空间、打破行政边界、绣花式布景、统筹设施供给、差异联动发展"走出富有德清特色的城乡风貌整治提升新路径。

三　改革推动城乡要素双向流动

城乡要素双向流动是城乡协调发展的关键基础和重要表现。在城乡产业发展与城乡居民消费需求转型的格局下，浙江各级政府遵循城乡融合发展的必然规律和内在逻辑，积极推进户籍制度改革、土地市场化配置综合改革、"两进两回"等政策措施，加快促进城乡要素双向流动，充分展现了政府和市场相互匹配下的市场活力。

（一）通过深化户籍制度改革，推进农业转移人口市民化，优化自由流动环境，支撑人力资源的流动性和市场化配置

制定施行《浙江省推动落实常住地提供基本公共服务制度有序推进农业转移人口市民化实施方案》，加快推进基本公共服务均等化，制定实施《浙江省新市民量化积分管理指导意见》，构建"省级共性+地方个性"积分管理体系，进一步调整完善杭州市积分落户政策。创新突破新型居住证制度，在全国率先实现居住证申领、生成、使用的全流程数字化，在绍兴市上虞区、温州市鹿城区、平阳县、龙港市等地区试点开展居住证转换办理和便捷互认，提高跨区域流动便利度。在地市实践方面，嘉兴全面放宽城区、城镇落户限制，统一城乡户口登记制度，积极推广浙江省电子居住证，推动外来农业转移人口根据其居住年限、贡献大小及地方承载能力实行差异化公共服务保障；台州全面实施户籍制度改革，基本实现农业转移人口到城镇落户零门槛，新型居住证制度实现全市覆盖；丽水全面放

开城镇落户限制，在全省率先实现社保财务系统市级统一。

（二）通过土地综合整治和土地市场化配置综合改革，促进土地资源要素市场化配置，提升土地资源使用的功能配置和集约效益

建成全省统一的土地二级市场交易平台，推进国家农村宅基地制度改革试点、农村集体经营性建设用地入市试点。深化"亩均论英雄"改革，深入推进"亩产效益"综合评价和资源要素市场化配置。深入推进国土空间治理行动，推进"全国国土资源节约集约模范示范省"创建，建立完善存量建设用地盘活与新增建设用地计划分配挂钩机制。推进乡村全域土地综合整治与生态修复工作，推进废弃矿山生态修复工作。全面落实"人地"挂钩政策，支持各地优先安排基础设施、公共服务、公益事业等项目建设用地。2021年，全省盘活存量建设用地17.27万亩，完成低效用地再开发16.66万亩。

（三）创新"两进两回"① 机制，畅通人才、科技、资金等下乡通道

浙江实施"两进两回"行动，以"两进两回"行动为引领，推动了一系列相关行动工程，畅通资源要素下乡机制，有力地支持了返乡下乡人员创业创新，促进了农村第一、第二、第三产业融合发展。印发《浙江省扩大农业农村有效投资高水平推进农业农村现代化"补短板"建设行动》，扩大农业农村系统性、有计划的投资。完善乡村人才培育体系，支持新型农业经营主体发展，支持返乡青年竞聘乡村振兴职业经理人，推动村庄经营和村级集体经济发展。滚动实施"三年万名基层卫生人才招聘行动"，稳定乡村卫生健康人才队伍建设。实施十万农创客培育工程，通过组织体系、人才政策、资金扶持、创业平台建设等方面，力争从2021年到2025年的五年内实现培育10万名"农创客"的目标。到2021年年底，浙江省乡村人才队伍总量突破200万人，其中累计培育农创客20358人，平均每名农创客带动18名农民就业。加大金融支农合力，印发《关于

---

① "两进两回"指科技进乡村、资金进乡村、青年回农村、乡贤回农村。

金融支持新型农业经营主体发展的意见》等文件，指导金融机构做好全面推进乡村振兴金融保障，由 26 家金融机构成立浙江金融服务农业农村共同富裕联合体，搭建金融机构与农业经营主体之间的高效平台。

（四）围绕要素资源配置机制，推动强村富民改革

在创新深化集体经济市场化改革和股份制改革，联动农村经营性建设用地入市改革的基础上，浙江立足优化资源配置提升发展动能，探索形成了发展壮大集体经济、强村富民的多种机制。创新"强村公司"机制，激活集体三资，顺势导入国有资本、市场资源，截至 2021 年年底，浙江省共成立强村公司 1347 家，2021 年总利润 16.85 亿元，村均分配收益 14.21 万元。创新"飞地抱团"机制，把村级扶持资金、帮扶资金和宅基地复垦、腾退"低小散"的建设用地指标等资源，集中配置到条件相对优越的"飞地"，联合建设可持续发展项目，实现固定返利或股份分红，实施"飞地抱团"项目 1055 个，村级集体经济年回报 19.62 亿元，村均 15.38 万元。创新"片区组团"机制，引导集体经济组织通过组团、联盟、联合等模式，参与市场经营活动，实现先富带后富，涌现出淳安县"大下姜"乡村振兴联合体、安吉县余村等 3 个乡镇 24 个村组团发展等一批片区组团共富典型。2021 年，98.8% 的行政村集体经济总收入达到 20 万元且经营性收入 10 万元以上。

四　强化互补做强城乡产业链条

产业协同是城乡协调发展的内生动力根基。通过农村改革激活城乡产业链、构建城乡产业协同发展平台、推动"村庄经营"，浙江农业全产业链不断延伸，第一、第二、第三产业融合发展，为城乡协调发展注入强劲活力。

（一）注重农村改革，强化城乡共富链条对农民的带动

以标准地改革为牵引，浙江加快推进承包地连片流转、农业规模

集约经营和农业项目有效投资，通过强化农业生产服务体系建设，培育农业产业化联合体、产业集群、农村产业融合发展示范园等发展体，做强跨越城乡的现代农业全产业链。2021年农民土地租金股金收入达到90亿元。以农业标准地改革组合农业"双强"行动，布局高质量建设100条产值超10亿元农业全产业链，带动农民更好创业就业。以宅基地改革为牵引，统筹推进乡村建设与乡村经营，吸引工商资本导入新产业新业态，实施乡村产业"十业万亿"培育工程，实现更多农民在"家门口"增收致富。实施"1+5"农村宅基地制度改革国家试点，2021年盘活农房8万宗，实现总价值100亿元；完善集体股权收益分配机制，集体股份分红达到110亿元，加速增加农民财产性收入。

（二）注重"村庄经营"，将村庄作为城乡产业链、价值链起点，推动乡村资源的城乡共享

杭州市临安区、嘉兴市桐乡市等地的"村庄经营"模式，经历了自发探索、改革试点、全域推广等发展阶段，摸索出了村集体性质公司运行管理机制，已经形成可复制可推广的系统模式。村庄经营以村集体经济组织等为主导，以村庄的人、财、物、地、技、产、景、文等"三农资源"为产权边界，通过统筹整合村庄资源资产，进行多元市场主体参与条件下的开发经营，实现村庄价值发现、产业升级、资源共享，从而为农村集体经济发展找到一条有效的增收途径，实现强村富民。

（三）注重构建城乡产业协同发展平台，搭建城乡产业链条

浙江各地探索以村庄为载体、推动都市圈产业要素融入乡村，城市产业向乡村区域纵深发展的互补共赢生态，构建适应乡村空间形态的新产业、新业态、新模式，打造出了乡村连接长三角大都市资源要素的产业廊道。例如，龙港依托于以印刷业为代表的特色产业高质量发展，积极搭建城乡产业协同发展平台，以小微园建设为抓手，涵盖印刷包装、塑料制品等传统支柱产业。2020年以来，龙港

有6个小微园相继投产，通过小微园等城乡产业协同发展平台的构建，积极推动城乡产业融合发展。

五   促进公共资源城乡均衡配置

推动城乡经济差距收敛和发展协调不能单纯靠自由市场的作用，而需要公共政策的干预和引导。公共资源配置是公共政策发挥引导作用的关键途径，提升城乡公共资源配置的均衡性，不仅可以直接改善农村居民的生活福祉，也是增加农村投资、促进城乡要素流动的重要支撑。浙江省通过推动城乡标准统一、创新资源共享模式等方式，持续提升公共资源的城乡均衡性。

（一）在建设和发展标准上，通过推动同质同标，探索出公共资源城乡均衡配置的重要路径

通过教育标准化保障城乡义务教育设施的均衡配置。2011年，浙江省出台义务教育标准化学校基准标准，2016年以来实行教育设施设备城乡一元化配置，截至2021年7月，浙江全省义务教育标准化学校达标率已达98.04%，校际差异系数控制在0.3以内，实现城乡之间、学校之间"硬件"的均衡配置。一些地区在探索基础设施建设同规同网、公共服务城乡同质同标方面形成重要探索。龙港市按照市级标准、市民待遇，全力推动"全域城市化、农村社区化、就地市民化、服务均等化"，基本实现基础设施建设同规同网、公共服务同城同待遇。

（二）在公共服务资源配置上，通过制度改革和服务共享创新，保持公共资源配置的动态均衡性

一方面，浙江制定《"钱随人走"制度改革总体方案》，以《浙江省基本公共服务标准》明确的11类公共服务领域、95项公共服务项目为基础，结合各类基本公共服务的提供主体、服务内容、服务对象等属性，确定了纳入"钱随人走"制度改革的范围清单，通过"钱随人走"制度改革，优化了以"人"为中心的公共资源投入机

制。二是创新教共体、医共体等优质公共服务资源共享机制。通过创新融合型"教共体"、共建型"教共体"、协作型"教共体"等优质教育资源共享机制，浙江义务教育城乡教育共同体结对学校已覆盖省内全部乡村学校。其中，嘉兴市全面推进城乡教共体建设，城区优质学校与乡村学校结对形成义务教育办学共同体，实现以强带弱、共同发展，形成促进城乡义务教育公平的嘉兴经验。通过全面推进县域医共体建设，按照"三三三"①总体思路建设紧密型医共体，医疗服务资源实现下沉和共享。

（三）推动城乡救助标准统一，促进救助资源的公平配置

浙江通过构建面向低保、低保边缘和特困人群等弱势群体的集成化、标准化、清单化服务制度，形成了"全面覆盖、精准响应、政策集成"的大救助模式，通过"浙有众扶"应用实时监测全省52万余个困难家庭，实现"申请、核对、认定、救助"闭环服务、动态管理，截至2023年9月浙江全省建成县级"助联体"服务站84家，县级助联体覆盖率达93.3%。2022年全面实现11个设区市低保标准市成一体化各市年低保标准均达到11000元。

第三节 浙江城乡协调发展面临的主要问题

浙江省在推进城乡协调发展方面取得了重要进展，但对照发达经济体的经验，对标国家所需、群众所盼和未来所向的共同富裕示范区建设目标，还存在一些差异。

一 城乡收入差距大幅高于发达经济体

与高收入经济体相比，浙江缩小城乡收入差距还任重道远。从国

---

① "三三三"即三统一（机构设置统一，人员招聘统一，资源配置统一）、三统筹（财务管理统筹，医保支付统筹，信息共享统筹），以及三强化（分级诊疗强化、家庭医生签约强化、基层公共卫生强化）。

际经验来看，许多发达经济体的城乡居民收入水平已经大体接近，有的农村居民收入已经超过城镇居民。据国际劳工统计数据，发达经济体城乡居民收入倍差一般小于1.6，日本自20世纪70年代中期以来城乡居民人均可支配收入之比已经降至1.0以下，而进入21世纪以来，美国农场家庭平均收入一直超过全国家庭收入的平均水平，荷兰、丹麦、法国等欧洲发达国家的农民平均收入也高于全国平均水平①。与发达经济体相比，浙江城乡收入差距缩小的任务还很重。城乡居民收入倍差的缩小与城市现代化、农业农村现代化融合发展水平密切相关。2021年，浙江的人口城镇化率为72.7%，位列广东、江苏之后，居全国前列，但与国际横向比较，离高收入经济体的81.5%的比例还有较大距离，更远低于法国（81.2%）、美国（82.9%）、英国（84.2%）、澳大利亚（86.4%）、日本（91.9%）等国家②。从农业发展水平来看，高收入经济体的农业多为规模化或集约化经营，农业产出效率高，农业从业人员回报高。根据世界银行数据库最新数据，2019年，高收入经济体的劳均农业增加值达到4万美元（以2015年不变美元计）③。而当前浙江农村地区专业技能人才相对缺乏，从事农业生产的人员受教育水平较低，根据浙江省第三次农业普查数据，大部分从事农业生产的人员学历为小学、初中，2020年，浙江省的农业劳动生产率仅为4.1万元（现价人民币）。在"七山一水二分田"的资源约束条件下，如何大幅提升人力资本水平、提高农业增加值和农业资源回报率，是浙江缩小城乡收入差距的重要挑战。

城乡居民收入倍差呈现出较强的浙东北与浙西南的不平衡性，浙西南的5个地市城乡居民收入倍差明显高于浙东北6地市，而浙西南

---

① 曾国安、胡晶晶：《城乡居民收入差距的国际比较》，《山东社会科学》2008年第10期。

② 资料来源：世界银行数据库，https://data.worldbank.org/indicator/SP.URB.TOTL.IN.ZS.

③ 资料来源：世界银行数据库，https://data.worldbank.org/indicator/NV.AGR.EM-PL.KD.

的经济发展相对滞后于浙东北，这意味着浙西南地区面临区域发展与城乡协调的双重挑战。近20年中，各市城乡居民收入倍差整体上呈下降趋势，其中，宁波、温州、嘉兴、湖州、衢州、丽水6市城乡居民收入倍差逐年下降，杭州、绍兴、金华、舟山和台州5市先升后降。尽管多数市的城乡居民收入倍差低于全省平均水平，但位于浙江南部和西部的温州、金华、衢州、台州、丽水5市的收入倍差明显高于其他地市，其中丽水和金华2020年的城乡居民收入倍差高于全省平均（1.96），分别为2.05和2.03。

与此同时，尽管浙江省城乡居民人均可支配收入的倍差持续缩小，但绝对差距呈持续扩大趋势，2019年城乡收入绝对差距首次突破3万元，2021年扩大到33239.4元。城乡收入绝对差距的扩大与历史因素、收入基数、发展阶段有关，同时也呈现出城乡二元结构的顽固性。部分地区城乡居民收入绝对差距超过3万元，各地城乡居民收入绝对差距呈现持续扩大态势。2020年，省内城乡居民收入绝对差距最高的市是金华，达31180元，温州、台州城乡居民收入绝对差距也都超过3万元，杭州则接近3万元。城乡协调发展不仅需要缩小城乡居民收入倍差，也面临着抑制城乡收入绝对差距幅度扩大的挑战。

表2-3　　　　2000—2020年浙江11市城乡居民收入差距

地区	杭州	宁波	温州	嘉兴	湖州	绍兴	金华	衢州	舟山	台州	丽水
城乡居民收入倍差											
2000年	2.15	2.26	3.05	2.10	2.14	1.98	2.66	2.90	2.10	2.15	3.57
2005年	2.17	2.23	2.89	2.02	2.11	2.27	2.79	2.68	2.16	2.60	3.60
2010年	2.21	2.10	2.39	1.91	1.94	2.21	2.45	2.64	1.84	2.41	3.23
2015年	1.88	1.81	2.07	1.70	1.73	1.82	2.13	1.97	1.73	2.04	2.19
2020年	1.77	1.74	1.96	1.61	1.66	1.72	2.03	1.88	1.63	1.94	2.05
城乡居民收入绝对差距（元）											
2000年	5172	5883	8100	4881	4617	4663	5759	4977	4658	4929	5733
2005年	8946	9584	12960	8182	8087	9812	9871	8156	8334	10705	9274

地区	杭州	宁波	温州	嘉兴	湖州	绍兴	金华	衢州	舟山	台州	丽水
2010 年	15953	15716	15834	13122	12441	16513	14828	13541	11977	15905	14556
2015 年	22597	21383	22791	18661	17828	21099	22896	16328	18942	22041	17875
2020 年	29966	28876	31053	24323	24499	27998	31180	23010	24606	30410	24895

资料来源：笔者根据各年度《浙江统计年鉴》数据整理。

二　改革滞后仍是资源有效配置的樊篱

（一）城乡资源要素流动的樊篱仍未完全拆除

受诸多客观因素限制，农村集体资产股权尚具有较强的封闭性，农村产权交易服务及配套机制建设滞后，农村产权交易规模偏小，农村资源价值还得不到有效体现。

（二）与浙江经济社会发展的水平相比，浙江的农业转移人口市民化相对滞缓，农业转移人口落户城镇意愿偏低

"十三五"时期，浙江省落户城镇的近 500 万农业转移人口中，大部分是因为城乡属性调整、城中村改造、移民搬迁等客观因素落户，而通过购房、投靠亲属等寻求主动落户的人占比不足 40%。一方面，农业转移人口即便进城务工，但仍担忧扎根城镇能力不足，另一方面又对失去农村"三权"心存顾虑，这些既反映出当前农业转移人口社会保护支持不足，也反映出农村产权制度改革还相对滞后。

（三）农村集体产权制度改革动力不足

充分发挥农村集体所有制的优势，既是社会主义制度的本质要求，也是中国农业农村农民发展到现阶段的迫切要求，更是实现城乡协调发展的重要途径。但由于历史、地理环境以及资源禀赋等原因，村集体经济发展动力不足，村集体经济收入除上级财政补助外，其他收入来源较少。尽管 2021 年浙江 98.8% 的行政村集体经济总收入达到 20 万元且经营性收入在 10 万元以上，但是除了典型的集体经济强村，一些村集体收入相对不足，要满足人民群众的就医需求，仍然存在一定程度医疗资源调配问题。

三　医疗和养老服务领域"短板"问题突出

尽管近年来浙江持续推动了医疗领域的共同体建设，但不同层级医疗资源调配问题依然明显，还不能适应人民群众的就医需求结构。伴随收入水平的提升，群众对就医条件、医生水平更加看重，但基层医院诊疗水平、医院管理、人才梯队建设等方面存在不足。

另外，近年来浙江老龄化程度快速加深，农村老龄化程度远高于城镇，但城乡养老服务短缺且配置不均衡。随着人口结构转型以及青壮年前往城镇学习或打工，乡村的人口老龄化程度高于城镇的幅度进一步扩大。根据浙江省第七次人口普查数据，2020 年，乡村 60 岁及以上人口的比重达到 28.27%，比城镇高 13.26 个百分点，城乡老龄化程度差异幅度比 2010 年扩大 8.94 个百分点；乡村 65 岁及以上人口的比重为 20.9%，比城镇高 10.58 个百分点，城乡老龄化程度差异幅度比 2010 年扩大 3.98 个百分点。但从养老服务来看，面对日益严峻的人口老龄化，养老服务短板已经凸显。

表 2-4　　　　　　　2020 年浙江省老龄人口的城乡构成

	城镇		乡村	
	人数（万人）	比重（%）	人数（万人）	比重（%）
60 岁及以上人口	699.24	15.01	508.03	28.27
65 岁及以上人口	481.09	10.32	375.55	20.9

资料来源：浙江省第七次人口普查数据。

四　非户籍人口面临同城不同待遇困境

在浙的省外流动人口基本公共服务待遇问题，依然是浙江城乡基本公共服务均等化的未解困局。2021 年浙江省常住人口数量达 6540 万人，增量 72 万人，超过广东、江苏等省份。根据浙江省第七次人口普查数据，2020 年，浙江省流动人口为 2555.745 万人，较 2010 年增长了 37.27%。其中，省外流入人口为 1618.6454 万人，省外流动人口占浙江省流动人口的 63.3%，这表明农村劳动力加速转移和经济快速发展促进了流动人口大量增加，浙江作为沿海发达省份，吸引了大量省外人口来浙江就业创业和生活。但是快速增长的人口规模对教育、医疗、养老等公共服务带来巨大需求，城镇基本公共服务供给不足问题仍然存在。

五　乡村人才"卡脖子"制约城乡协调发展

相对于城镇特别是大城市，农村公共服务便利性相对不高，就业机会较少，"人往高处流"的流动性是整体经济活力所在。从人才结构看，浙江省农村实用人才年龄偏大，2018 年数据显示，浙江省农村实用人才中超过 51 岁的群体占比达 37.5%，40—50 岁的占比为35.5%。与此同时，农村实用人才学历偏低，94.22%的人学历为中专及以下。浙江省政府出台了一系列政策，给予外来人才资金、政策福利，搭建人才平台。乡村人才尤其是青年人和高素质人才紧缺，浙江省第三次农业普查结果显示，全省农业生产经营人员中 55 岁以上的占 54%，大专及以上的占比仅为 1.2%。人才"卡脖子"制约乡村振兴和城乡协调发展，在推进城镇化建设的同时如何兼顾农村发展，如何培育、引进和留住服务乡村的专业人才是重难点问题。

第四节　全面打造城乡协调发展
引领区的思路与举措

对标国家对浙江打造城乡协调发展引领区的战略定位，浙江应紧紧围绕探索实现城乡协调发展路径的要求，坚持以人民为中心，以满足人民日益增长的美好生活需要为根本目的，以改革创新为根本动力，以解决城乡差距为主攻方向，统筹城乡并更加注重向农村倾斜，力争到2025 年，率先实现城乡基本公共服务均等化和城乡一体化发展，城乡发展差距和居民生活水平差距显著缩小，形成阶段性标志性成果，充分发挥城乡协调发展引领区的示范、标杆和带动作用；力争到 2035 年，城乡居民收入争取达到发达经济体水平，城乡协调发展程度更高，基本实现城乡等值和共富，城乡协调发展引领区全面建成。立足城乡协调发展目标和形势，浙江需提升城乡统筹层次，坚持以改革首创精神为动力，以规划引领、要素支撑、机制创新，全面推进市域乃至省域城乡协调发展。在推进省域城乡协调发展的进程中，以城乡发展空间的前瞻布局为引领，构建要素自由流动、资源有效配置、产业融合发展的机制支撑，从设施一体、服务共享、收入均衡等方面全面推进城乡生活质量等值化，升级打造城乡协调发展新样板。

一 前瞻布局省域城乡发展空间"新蓝图"

前瞻开展全域规划，深化推动省域城乡统筹和一张蓝图绘到底，夯实城乡空间布局优化的支撑性机制。加快编制实施省级国土空间总体规划，推进以省域城乡协调的空间规划一体化，完善"多规合一"国土空间规划体系，以全域一体化引导城乡主体功能区。高水平打造城乡协调发展城市群，通过空间布局优化提高国土空间开发和保护的质量和效率，推动城乡空间融合发展。控制大城市人口规模过度膨胀、划定大城市建设用地增长边界，疏解大城市功能。

前瞻探索应用城市化程度[①]（the Degree of Urbanisation[②]）分类，进一步深化和细化原有的"三群四区七核五级网络化"体系。超越城市—农村二元分区的布局结构，按照人口密度及趋势科学配置社区服务设施建设用地，配套基础设施和公共服务空间布局，构建高效

---

① 城市化程度（the Degree of Urbanisation）是一种根据地区人口密度及其与城市的联系对区域进行分类的新方法，2020 年 3 月，联合国统计委员会发布了一个新的称为城市化程度（the Degree of Urbanisation）的定义，用区分城市（cities）、城区（urban areas）和农村地区（rural areas）。城市化程度提出了农村—城市连续体中不同类型的具体测量方式，对中等密度和低密度地区进行了细化定义，从而超越了传统的农村—城市两分法。

② OECD et al., *Applying the Degree of Urbanisation：A Methodological Manual to Define Cities, Towns and Rural Areas for International Comparisons*, OECD Regional Development Studies, OECD Publishing, Paris/European Union, Brussels, 2021, https：//doi. org/10. 1787/4bc1c502-en.

的城乡空间融合网络体系，打造城乡连续体型的可持续发展空间。协同规划国家城乡融合发展试验区嘉湖片区建设、杭甬"双城记"建设、四大都市区建设、"十城赋能"行动、"百县提质"工程、"千镇美丽"工程和"万村共富"工程等多层次建设，谋划推进一体化建设、点线面结合、城乡协调的空间布局。

前瞻健全城乡协调规划制度，结合国土空间规划体系建设，统筹优化城乡产业融合发展所需的生产空间、人口宜居所需的生活空间、可持续发展所需的生态空间，提高城乡空间融合发展的经济效益、社会效益和生态效益，留足乡村振兴的发展空间。加强对小城镇、中心镇、中心村等城乡连续体中的纽带和节点的规划，选择生态环境良好、人文底蕴深厚、产业基础较强、生活服务设施便利、发展特色鲜明的节点，进行分级分类规划。完善城乡综合交通布局，充分发挥不同层级节点的纽带作用。

前瞻统筹城乡风貌、未来社区建设等基本单元的一体化规划，提升城乡建设配套标准化。立足资源环境承载能力，按照人口资源环境相均衡的原则，统筹推进居民点建设和人居环境整治，强化保护和优化生态空间。在坚持最严格的耕地保护制度和最严格的节约用地制度的基础上，适度增加农业设施建设用地供给，为农业产业发展提供保障。有计划地规划增加第一、第二、第三产业融合发展的用地供给。统筹城乡共同富裕现代化基本单元建设，做好最基础单元的规划协同，保障社区基础设施、公共服务核心功能配套标准化的发展空间。

二　加快畅通省域城乡协调发展"要素流"

（一）加快推进城乡土地制度改革，力争在关键领域有所突破

全面推进乡村全域土地综合整治与生态修复，探索全域全要素综合整治。加快健全省域城乡统一的建设用地市场，积极探索实施农村集体经营性建设用地入市制度，加快起草农村集体经营性建设用

地入市政策意见。重点依托国家城乡协调发展试验区嘉湖片区，合规推进集体经营性建设用地就地入市或异地调整入市，允许村集体在农民自愿前提下，依法把有偿收回的闲置宅基地、废弃的集体公益性建设用地转变为集体经营性建设用地入市，优先用于农村第一、第二、第三产业融合发展。完善农村承包地"三权分置"制度，积极探索降低经营权流转交易成本以及降低规模化经营风险的制度安排。积极探索宅基地所有权、资格权、使用权分置实现形式，尤其是要深化资格权退出和有偿进入机制改革以及附着在宅基地使用权上用益物权的实现机制。加快健全城乡协调的体制机制，赋予乡村与城市平等的发展权，推进农村土地制度与社会保障制度联动改革。率先探索包括宅基地在内的农村土地有序入市的政策体系，使农民拥有更完整的用益物权与担保物权，建构一种兼具财产性、经营性与保障性功能的新型地权制度。

（二）加快城乡户籍制度双向改革，畅通人员流动机制，并注重提升乡村人力资本

协同推进农业转移人口市民化和人才下乡落户的双向改革。深化"钱随人走"制度改革，继续优化以"人"为中心的公共资源投入机制，推进基本公共服务向常住人口全覆盖。加大力度深化户籍制度改革，完善新型居住证制度，加快完善积分入学政策、探索积分入住保障房制度。深化"三权到人（户）、权随人（户）走"改革，探索试行以经常居住地登记户口制度，全面推行农村集体经济组织成员登记备案制度。深化农村集体资产股份合作制改革，探索农村非土地集体经营性资产股权向入乡发展的管理、技术专业人员开放。探索双向统筹健全农民市民化的成本分担机制和农村集体经济组织的合理退出和进入机制，建立"宜城则城，宜乡则乡"的城乡双向户口迁移制度，让进城的农民能够在城里扎根，让乡村振兴所需的各类人才能够在乡村安心落户。加强农村人力资本投资，持续开展农村实用型人才培训和高素质农民培养，普及成人职业教育，完善

应用型农业技术人才培养体系，着力提高农业农村从业人员素养。

（三）加快完善财政金融对城乡协调发展的保障支撑机制

确保财政投入与城乡协调发展的目标任务相适应，把农业农村作为财政优先保障领域，推动公共财政更大力度向"三农"倾斜。加快城乡投融资体制机制改革，健全农村金融服务体系，创新金融服务产品，大力发展农业保险，加大融资担保力度，做好土地用益物权、农民住房财产权、农业设施、农机农具等抵押贷款服务，促进工商资本下乡参与乡村振兴，减少资金的错配风险。逐步扩大农村公共事业发展的稳定资金来源，优化对农村重点领域和薄弱环节的财政资金配置，结合民生实事项目加大财政支持。

三 着力构建省域城乡融合发展"共生链"

（一）着力加快延伸和做强城乡融合的产业链

围绕农业产业链，加强以城带乡、以工补农，加大农业科研、农资生产等前向产业部门的扶持力度，推动数字农业发展，全面提升农业产业化水平和农业全要素生产率。加快培育新型农业经营主体，加强现代化的生产组织管理，实现小农户和现代农业的有机衔接。加快建设农业专业化社会化服务体系，加强高标准农田、农田水利、农业机械化、冷链物流等农业基础设施建设，提高农作物种植、畜禽养殖等中间产业部门的生产效率和效益，促使农产品加工、存储、运输和销售等后向产业部门的增值收益更多地留在乡村。构建第一、第二、第三产业一体化的农业全链条，大力发展乡村旅游、红色旅游、康养旅游等融合型文旅模式，完善农业增值实现机制，丰富农村经济的新形式。依托特色小镇、现代农业产业园建设等城乡产业协同发展平台，充分利用乡村资源禀赋优势，将资源比较优势转化为产业竞争力，形成差异化、特色化的产业链。

（二）着力深化完善城乡要素高效配置的经营链

深化农村集体产权制度改革，创新农村集体经济运行机制，积极构建基于农村集体资产所有权的收益分配制度。深化推进"千企结千村"等帮扶项目，创新农村集体经济与企业的合作经营机制，打造乡村优质产品品牌和营销路线。深入探索"村庄经营"模式，盘活并合理规划农村集体资产，创新村庄集体发展的经营道路。持续创新强弱联合机制，通过资源要素互补和集约化经营，形成"先富帮后富""强村带弱村"的经验扩散机制和联动发展机制。深化片区组团发展机制，加强集体经济组织间合作的政策支持，搭建组团、联盟、联合等合作平台，为有条件实现资源和优势互补的村集体提供资源衔接、规范指引和服务支持，为村庄经营提供更好的支持环境，充分发展村集体间合作的规模经济。深化推进闲置农房激活计划、强村惠民计划、百链千亿计划、十万农创客培育工程。深化龙头企业培育与农业产业化联合体创建，让农民分享加工销售环节收益。

（三）着力探索建立城乡功能互补的生态价值链

推进自然资源资产产权制度改革，以山区和乡村为供给主体，培育发展生态产品和生态资产交易市场，健全生态产品价值实现机制和通兑体系。推进丽水生态产品价值实现机制国家试点，深化安吉践行"绿水青山就是金山银山"理念综合改革试点。探索省域推进GEP 核算应用体系建设，完善与生态产品质量和价值相挂钩的财政奖补机制，促进浙西南地区生态产品培育，创新山区城乡融合发展的生态路径。统筹推进自然资源资产产权制度改革，探索建设生态产品价值转化平台，率先建立健全生态资产交易市场。

四　全面提升城乡居民生活质量"等值化"

（一）全面加快推进省域基础设施建设同规同网，提升基础设施管护水平

创新城乡基础设施一体化投入和管护机制，推动城乡基础设施统一规划、统一建设、统一管护，逐步实现同规同网。高水平推进"四好农村路"建设，推动城市供水管网向乡村延伸，推动城市天然

气管网向乡镇和中心村延伸，持续完善现代化农村配电网，推进 5G
网络向行政村覆盖。研究制定乡村基础设施管护责任清单，将乡村
道路、水利、污水垃圾处理等公益性和准公益性设施作为管护对象。
推动产权所有者由直接提供管护服务向购买服务转变，引入专业化
企业参与，通过统一管护机构、统一经费保障、统一标准制定，逐
步将城市基础设施管护资源和模式向乡村延伸。

（二）全面推进省域公共服务一体化，以标准化推动城乡基本公
共服务均等化

全面推广城乡教育共同体，推进"互联网+义务教育"示范区建
设。积极完善"双下沉、两提升"长效机制，高水平深化推进县域
医共体建设，实施医师区域注册和多机构执业，推动职称评定和工
资待遇向基层医护人员倾斜。统筹提升城乡居民基本养老保险标准。
完善城乡养老服务供给，健全县乡村衔接三级养老服务网络，深化
长期护理保险制度试点，健全完善覆盖城乡的长期照护综合保障体
系。推动农业转移人口共享优质公共服务，健全新型居住证制度，
深化构建"浙里新市民"应用场景，构建全省统一、互认共享的积
分体系，探索建立以"居住证+积分"为核心的优质公共服务梯度供
给制度，推进居住证积分互认换算。扩大公办学校和政府购买学位
学校的学位供给，持续保障农业转移人口随迁子女义务教育在流入
地就读比例。严格落实农业转移人口同等享受基本公共卫生服务项
目，加强基本医疗保险跨省异地就医费用直接结算和医保关系转移
接续。扩大公租房和保障性租赁住房供给。加快探索农民工社会保
障制度的省际协作，探索浙江与来浙农民工输出大省的协作，创新
社会保障的省际通兑转移机制。

（三）全面推动省域一体化的数字化改革，缩小城乡数字鸿沟，
赋能城乡共建共享

优质推进乡村数字新基建，提升农村生产生活基础设施数字化。
加快新型基础设施在公共服务领域的应用，推进农村公共事业数字

化，夯实"互联网+"共同体建设的设施基础。提高农村学校"宽带"和"校校通"的质量，加快农村教育信息化进程，推动"智慧校园"的建设，助力城乡义务教育优质均衡发展。提升乡镇卫生院、农村卫生室信息化水平，助力"互联网+"县域紧密型医共体发展。推动信息素养、数字技能科普与培训行动，支持农村低收入群体、老年人等数字技能薄弱人群跨越数字鸿沟，并提供数字化以外的替换服务方案。

（四）全面统筹城乡共同富裕现代化基本单元建设

深入推进城乡风貌整治提升行动。加快推进全域协同开展城市未来社区建设和乡村新社区建设，推进城乡社区基础设施、公共服务核心功能配套的标准化，以标准化促进一体化。积极开展未来乡村建设试点，集成推进"美丽乡村+数字乡村+共富乡村+人文乡村+善治乡村"建设，建成一批凸显城乡等值化的示范性乡村新社区。

第三章　城乡融合发展的嘉兴经验

在全面建设社会主义现代化国家的新征程中，完成新的伟大使命面对的主要矛盾就是发展的不平衡不充分，而最为突出的是城乡发展不平衡不充分。为解决城乡发展不平衡困局、破除城乡发展二元结构，2017 年习近平总书记在党的十九大报告中首次提出"城乡融合发展"的表述，即通过采用"融合"的手段来实现城乡协调发展①。关于城乡融合发展的思想，习近平同志早在主政浙江时期就开展了相关的探索和实践。2004 年，习近平同志调研嘉兴时指出"嘉兴完全有条件成为全省乃至全国统筹城乡发展的典范"，由此开启了嘉兴推进城乡融合发展的先行探索。这些年来，嘉兴坚定践行"八八战略"，铭记总书记嘱托，加强组织保障、规划引领、改革赋能、要素支撑，在城乡要素合理流动、城乡基本公共服务普惠共享、城乡基础设施一体化、城乡产业融合发展、市域社会治理现代化、城乡生态环境治理一体化等领域创新探索或率先实践了包括城乡教育公平、"三治融合""飞地抱团"等一系列可推广、可复制的嘉兴经验，走出了一条具有嘉兴特色的城乡融合发展之路，对浙江乃至全国城乡协调发展的推进具有重要的启示和借鉴意义。

---

① 魏后凯：《全面打造城乡协调发展的引领区》，《人民日报》2021 年 8 月 5 日第12 版。

第一节　嘉兴市城乡融合发展现状

嘉兴市始终遵循习近平同志对嘉兴"成为全省乃至全国统筹城乡发展的典范"寄予的殷切期望，坚持走城乡融合发展之路，取得了显著成效。城乡居民生活水平差距逐步缩小，城乡基本公共服务均等化加快推进，农村生态环境建设取得突出成效，要素市场改革取得初步成效，成为浙江省全面打造城乡协调发展引领区的先行地。

一　城乡居民生活水平差距逐步缩小

（一）嘉兴市城乡收入差距远低于全国平均水平

2021 年，嘉兴市城镇居民人均可支配收入 69839 元，居全省第 4 位，为全国平均的 1.47 倍、全省平均的 1.02 倍；农村居民人均可支配收入 43598 元，为全国平均的 2.30 倍、全省平均的 1.24 倍，首次跨上"四万元"台阶，并连续 18 年居全省第 1 位。城乡居民收入比为 1.60∶1，保持全省最低，也远低于全国平均水平（2.50∶1）。

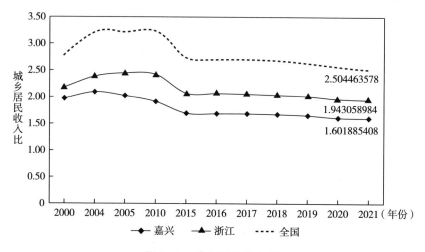

图 3-1　城乡居民收入比

资料来源：笔者根据嘉兴市统计局、《浙江统计年鉴（2021）》《中国统计年鉴（2021）》《2021 年嘉兴市国民经济和社会发展统计公报》数据计算并绘制。

（二）嘉兴市居民生活水平已经进入富裕阶段

2021 年，嘉兴市城镇居民人均消费性支出 42305 元，高于浙江省平均水平 0.27%，高于全国平均水平 39.59%；农村居民人均消费性支出 28510 元，高于浙江省平均水平 12.18%，高于全国平均水平 79.13%。城乡居民消费支出比例为 1.48∶1，远低于全国平均水平（1.90∶1）。同时，嘉兴城镇居民家庭恩格尔系数为 26.5%，低于全国 2.1 个百分点；嘉兴农村居民家庭恩格尔系数为 27.3%，低于全国 5.4 个百分点。嘉兴城乡居民恩格尔系数已达到联合国 20%—30% 的富裕标准阶段[①]。

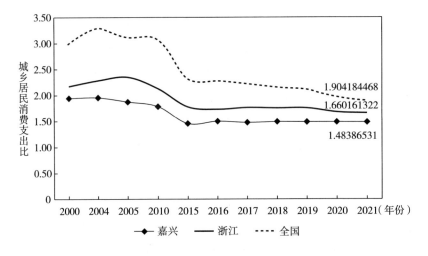

图 3-2　城乡居民消费支出比

资料来源：嘉兴市统计局、《浙江统计年鉴（2021）》《中国统计年鉴（2021）》。

二　城乡基本公共服务均等化加快推进

（一）嘉兴市城乡教育事业实现均衡发展

2012 年，嘉兴市被国务院授予"两基"工作先进地区称号；

---

① 联合国粮农组织根据恩格尔系数的大小，将世界各国的生活水平划分为 6 个阶段：恩格尔系数大于 60% 为贫穷阶段，50%—60% 为温饱阶段，40%—50% 为小康阶段，30%—40% 为相对富裕阶段，20%—30% 为富裕阶段，20% 以下为极其富裕阶段。

2013 年，嘉兴成为全国首个所有县（市、区）全部通过"全国义务教育发展基本均衡县（市、区）"的设区市；2019 年 10 月 12 日，全国县域义务教育优质均衡发展督导评估启动会在海盐召开，海盐县县域义务教育优质均衡发展工作成为全国样板；2020 年，嘉兴所有县（市、区）实现教育基本现代化。目前来看，嘉兴市已实现城乡义务教育普及程度基本相同，生均占有教育资源基本一致，教师专业水平大致相当，学校管理水平同步提高，同类学校教育教学质量基本接近的目标。

（二）嘉兴市城乡医疗卫生服务水平显著提升

2019 年，嘉兴市实现了城乡社会养老保险、医疗保障、失业保险制度性全覆盖，基本医疗参保率 99.6%，率先实现城乡低保标准同标同保。同时，嘉兴市打破区域数据壁垒，推动异地医疗资源"互联互通"，率先实现异地就医直接结算全覆盖，2020 年，沪嘉、杭嘉居民异地就医刷卡直接结算分别达 29.4 万人次、49.9 万人次，金额分别达 5.7 亿元、1.5 亿元。

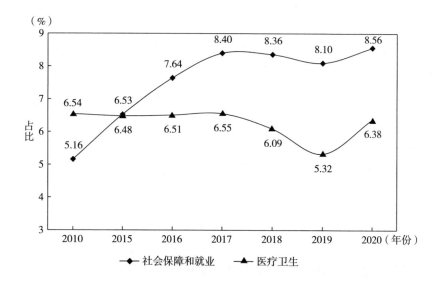

图 3-3　社保医疗公共支出

资料来源：嘉兴市统计局。

（三）城乡居民保障体系不断完善

嘉兴市坚持城乡统筹，实行一体化制度设计，率先建立了城乡居民基本养老保险制度，实现了人群全覆盖。2007年嘉兴在全国率先实施城乡居保，将非机关事业单位和职工基本养老保险的本市居民全部纳入制度，基础制度实现城乡统一。制定全市统一政策，实现了全市同步调整、同步优化、同步提高。基于此，嘉兴市人均基础待遇居于全省首位。2020年人均待遇达到461元/月，实现待遇标准和待遇同比增幅全省领跑，"城乡居民养老保险保障水平"连续三年全省第一。同年年底，全市养老保险参保人数340.57万人（职工基本养老保险262.28万人、城乡居民养老保险63.43万人、机关事业养老保险14.86万人），全市户籍人口基本养老参保率达到97.26%。

（四）城乡劳动者平等就业制度逐渐健全

嘉兴市以全国城乡统筹就业试点城市为契机，实行"统一失业登记制度、统一就业制度、统一就业援助政策、统一劳动力市场、统一公共就业服务"五个统一，建立市、县（市、区）、镇、村四级布局合理、设施完善、覆盖城乡的人力资源市场体系。建立了统筹城乡的就业工作体系。推动就业帮扶从"传统模式"向"精准扶持"发展，出台《关于做好当前和今后一段时期就业创业工作的实施意见》，做好高校毕业生、长期失业人员、就业困难人员和退役军人等重点人群的就业帮扶工作，"十三五"时期全市累计新增城镇就业68.65万人，帮助城镇失业人员实现再就业26.1万人，就业困难人员再就业8.2万人；落实就业困难人员灵活就业社保补贴2.64亿元，享受7.62万人次；全市累计举办招聘会2668场，提供就业岗位348.4万个；2020年年末城镇登记失业率为1.74%，零就业家庭实现"动态清零"。

三　城乡基础设施基本实现一体化

（一）交通网络实现城乡一体

嘉兴市农村公路密度达1.9千米/平方千米，居全省第一；"四好农村路"走在全省前列，优良中等路率96.1%；基本做到了通村达组到户，全市所有镇（街道）15分钟均可上高速。城乡三级公交网络畅通有序，公交通村率达到100%，城乡交通运输一体化发展水平全部达到5A级，位居全省前列。

（二）供电、供水、供网实现城乡一体

电力基础设施网络体系日益完善，新农村电气化镇村全覆盖，率先成为全国新农村电气化地级市；城乡一体化供水覆盖率100%，实现供水"同网、同质、同价、同管理"；2020年所有行政村实现了广播、有线电视、宽带网络全覆盖，农村通信网络4G全覆盖，建成5G基站1300多个，固网平均速率突破100Mbps。

（三）公共文体设施实现城乡一体

建成市、县、镇、村四级文化馆（站）和公共图书馆（室），镇（街道）综合文化站一级站占比94.4%，图书流通站点覆盖率达2.5万人/馆。建成各类博物馆34个、剧院61个。南湖、嘉善、海宁被列入新时代文明实践中心建设全国试点，新时代文明实践中心和文化礼堂实现行政村全覆盖。建成非遗主题小镇8家、乡村"文化名师工作室"51个、乡村"运动家"智慧体育社区60个。率先实现省级体育强镇、小康体育村双覆盖，人均体育场地面积2.3平方米以上，基本形成城乡一体化"15分钟健身圈"。

四　农村人居环境整治提升成效凸显

嘉兴市深入实施"千万工程"，全力打造美丽乡村3.0版，成为全省美丽乡村建设"五朵金花"之一。一般公共预算投入乡村振兴建设资金324亿元。专项债用于乡村振兴建设资金84亿元。截至2020年，全市已建成美丽乡村精品线29条，成功创建省级美丽乡村示范县2个、示范镇36个、3A级景区村庄62个、特色精品村117个，南湖区联丰村等3个村入选"中国美丽乡村百佳范例"，海宁市丁桥镇新仓村入选第二批全国乡村旅游重点村。同时，嘉兴市实施全域土地综合整治工程，助力"五水共治""五气共治""五废共治"中心工作，改善城乡生态环境。围绕农村人居环境整治重点的"垃圾革命、污水革命、厕所革命"三项工作深入推进，农村生活垃圾分类处理、农村生活污水治理、无害化卫生厕所行政村全覆盖。早在2018年，嘉兴市就已经实现了农村安全饮用水人口全覆盖。2019年，嘉兴市农村卫生厕所普及率实现全覆盖，该比例要远高于全国水平。小城镇环境全面整治，创建国家级卫生乡镇36个，占比85.71%，居全省第一；省级卫生乡镇实现县（市、区）全覆盖，省级卫生村创建成功率100%，居全省第一。

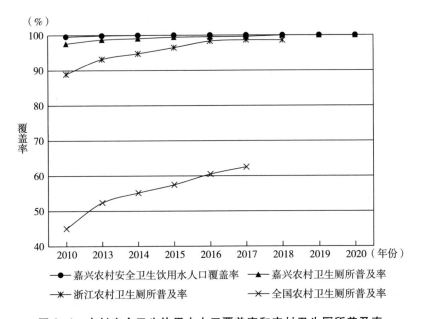

图3-4　农村安全卫生饮用水人口覆盖率和农村卫生厕所普及率

注：部分年份数据缺失。

资料来源：笔者根据嘉兴市统计局和各年度《中国卫生统计年鉴》《中国环境统计年鉴》《中国社会统计年鉴》数据计算并绘制。

五　城乡要素市场化一体化改革加快推进

（一）嘉兴市城乡资金配置均衡程度较高

2020年，嘉兴市财政支农资金占财政支出的比重约为7.54%，而第一产业增加值占地区生产总值的比重约为 2.30%，财政资金向农业倾斜。如图 3-5 数据显示，尽管财政支农资金占比每年会有波动，但是总体而言，高于第一产业比重，资金较多地向农业配置。所以，用财政支农相对程度指标来衡量，嘉兴市城乡资金配置均衡程度较高。事实上，嘉兴市为进一步统筹城乡资金配置，成立了专项资金清理整合工作专班，加强财政统筹能力，保障涉农资金统筹整合顺利推进。有序推进专项资金分类清理，对跨部门、跨行业涉农资金统筹整合等问题，专项提交专班研究。

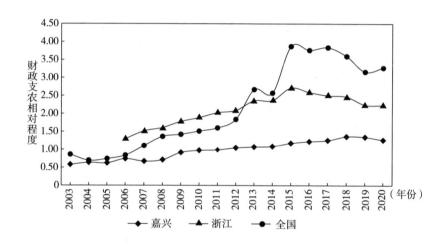

图 3-5　财政支农相对程度

注：部分年份数据缺失。

资料来源：笔者根据嘉兴市统计局和各年度《中国卫生统计年鉴》《中国环境统计年鉴》《中国社会统计年鉴》数据计算并绘制。

（二）嘉兴市城乡劳动力市场一体化程度显著提升

嘉兴市深化户籍制度改革，率先建立了城乡统一的户口登记制度、户口迁移制度，率先实行按居住地划分的人口统计制度。建成启用的浙江长三角人才大厦等人才创新平台，打响了中国浙江星耀南湖·长三角精英峰会、长三角全球科创项目集中路演等标志性活动品牌。创新制定党建引领乡村振兴"嘉兴十条""嘉兴乡村人才振兴十条",建立健全引、育、留、用人才机制;在全国率先推行律师下乡,建立"一村一法律顾问"制度等。

（三）城乡土地要素市场改革逐步推进

嘉兴市率先在全省建立耕地保护补偿机制,探索城乡建设用地增减挂钩,率先开展以农房搬迁集聚、宅基地复垦为主的农村土地综合整治,率先实施农村土地全域综合整治,大力推进"四百工程",探索集体经营性建设用地入市。

第二节　嘉兴市推进城乡融合发展的主要做法

城乡融合是在将城市与农村视为一个有机整体的基础上,实现经济互动、社会交流、空间衔接无障碍深度交互,同时也要保留城乡各自特色,关键在于突破城乡二元分割的体制机制障碍,促进城乡要素融合、产业融合和治理融合等。[①] 为加快推进城乡融合发展,嘉兴市在促进城乡要素合理流动、推进城乡基本公共服务普惠共享、加快城乡产业融合、推动城乡社会治理现代化等领域采取了一些创新性做法,取得了显著的成效。

一　促进城乡要素合理流动和优化配置

（一）探索构建城乡统一的建设用地市场

嘉兴市以建设国家城乡融合发展试验区为契机,积极探索"同地同权、流转顺畅、收益共享"的集体经营性建设用地入市制度,构建城乡统一的建设用地市场。允许符合条件的农村集体经营性建设用地,在坚持土地公有性质不变、尊重农民意愿的前提下,按程序分步骤,以出让、出租、作价出资（入股）等有偿使用方式进入

---

① 年猛:《中国城乡关系演变历程、融合障碍与支持政策》,《经济学家》2020年第8期。

建设用地市场交易，并探索建立兼顾国家、集体、个人的土地收益分配机制。2020 年，嘉兴市首宗农村集体经营性建设用地入市在嘉善县成交，实现了农村集体经营性建设用地与国有建设用地"同权同价同责"入市。

（二）建立城乡有序流动的人口迁徙制度

户籍制度是造成劳动力市场城乡二元分割、阻碍人口市民化的主要制度性障碍。① 一是实行城乡统一的户口登记和迁移制度。2008 年，嘉兴市出台《关于改革户籍管理制度进一步推进城乡一体化的若干意见（试行）》，附加在户籍制度之上的相关社会公共政策逐步按居民有无承包地配套衔接。二是重点解决户籍制度城乡一体化之后城乡退役士兵在安置保障金、就业培训等待遇相差悬殊的问题。三是建立按照承包地持有情况划分的城乡居民社会养老保险政策、最低生活保障制度和老年福利政策，持续缩小保障标准差距。四是全面推行居住证制度。2008 年 4 月 1 日起，嘉兴市停发暂住证，改为发放居住证。截至 2021 年 8 月，嘉兴市登记在册的流动人口达 321 万人，其中居住半年以上的有 210 万人，全市累计签发居住证 78 万张，每年新申领居住证的流动人口达到 5 万人。

（三）打通城乡资金技术双向流动通道

一是加大公共财政向农业农村领域的倾斜力度，保障乡村振兴战略的实施。2018 年以来，嘉兴市逐年增加乡村建设、乡村产业发展等支农专项资金，提高资金使用效率。二是构建农村新型信用合作体系。嘉兴市充分发挥农村信用社以及农商银行支农主力军作用，构建了农村新型信用合作体系。搭建双向沟通平台，加强了农户、乡村信用机构以及担保公司之间的合作，同时对借贷人的资产情况进行摸底调查，展开农户信用评级和风险评估，精准地为农民提供小额信贷服务。积极探索农村合作金融新模式，探索农村资产股权

---

① 年猛：《收入差距、社会地位与户籍制度改革成效》，《技术经济》2022 年第 7 期。

借贷、承包经营权与农房抵押贷款等新形式，多种形式盘活农村闲置资源资产。稳妥推动农村信用社和农商银行改革，健全信贷风险防控机制。三是提高农村地区对资本的吸引力。通过改善乡村地区营商环境，加强交通、通信等基础设施建设，赋予投资主体更大的自主权和经济收益权，提高社会资本投资农村和乡村产业的积极性。

二 推进城乡基本公共服务普惠共享

（一）全面建立城乡均衡的教育资源配置机制

嘉兴坚持教育优先、城乡一体的发展目标，在全国率先推进城乡教育一体化，先后推进了城乡义务教育学校教师轮岗交流试点、国家特殊教育改革实验区建设、中考招生制度改革、初中生综合素质评价改革、学前教育"以县为主"管理体制改革等一系列改革与试点，为推进城乡教育普惠均衡积累了丰富经验。

（二）积极构筑城乡统筹的健康医疗服务体系

一是扎实推进县域医共体改革。嘉兴结合地域特点和群众就医习惯组建医共体医疗集团，实施集团化管理、一体化经营和连续式服务，实现卫生医疗资源共建共享、管理同标同质和服务优质高效，发挥统筹城乡优势，"大手牵小手"优化医疗资源利用。二是统一城乡基本医保制度。嘉兴始终坚持城乡一体化建立健全医保制度，2003 年在全国率先实现了新型农村合作医疗与城镇居民医疗保险制度的并轨运行，2007 年建立起覆盖全民、城乡统一的城乡居民合作医疗保险制度，2013 年实施全新的城乡居民基本医疗保险制度，2019 年嘉兴建成了涵盖职工医保、城乡居民医保、生育保险、大病保险、医疗救助、基金监管等内容的综合性医保制度。三是创新建立城乡一体的长期护理保险制度。嘉兴在全国率先以设区市为单位，建立和实施城乡一体、全民覆盖、独立险种的长期护理保险制度，有效破解了失能人员护理难题，促进了养老服务产业发展。

（三）不断深化城乡一体的社会保障体系

一是率先建立了城乡居民基本养老保险制度，2006 年党的十六届六中全会通过的《关于构建社会主义和谐社会若干重大问题的决定》提出，到 2020 年中国要基本建立覆盖城乡居民的社会保障体系。2007 年嘉兴即出台《嘉兴市城乡居民社会养老保险暂行办法》，在全国率先推出了城乡居民社会养老保险制度，实现城镇职工基本养老保险与农村社会养老保险相结合，并使各类社会养老保障对象之外的城乡居民都能享受养老保险，达到城乡社会保障制度无缝隙、全覆盖。二是实现城乡养老服务政策制度系统化。嘉兴先后出台《关于加快完善社会养老服务体系建设的意见》《关于加快发展养老服务业的实施意见》等指导性文件，配套制定养老服务需求评估、养老服务补贴、社区居家养老服务照料中心等级评定、民办养老机构扶持等制度，建立了养老服务用地用房、融资信贷支持、投资权益保障、财政支持、税收优惠、人才队伍建设等支持政策，为养老服务营造良好发展环境。三是全面建立覆盖城乡的社会"大救助"体系。2016 年嘉兴出台了《全面构建社会"大救助"体系的意见》，建立起低保标准 2 倍以内困难家庭需求信息数据库，准确了解困难群众实际需求，通过统一的困难家庭认定、推送和定标，开展助困、助产、助业，实现社会救助"需""供"精准对接。

（四）构建覆盖城乡公共文化设施网络

嘉兴在全国率先探索实践以"设施成网、资源共享、人员互通、服务联动"为主要特点的城乡一体化公共图书馆服务体系，建设"嘉兴模式"，建立起以市（县、市）总馆为中心，镇（街道）分馆为切入口和纽带，村（社区）服务点和图书流通站、汽车流通点等为基础的城乡公共图书馆服务网络，并开通了数字图书馆、手机图书馆、电视图书馆、汽车图书馆等，形成以覆盖城乡的公共图书馆服务设施网络为基础，以全面共享的数字资源服务平台作支撑的运作模式，统筹了城乡文化资源，统一了城乡服务规范，畅通了公共文化服务供给的"最后一公里"，为广大基层群众平等享受公共文化服务提供了体制保障。

（五）积极构建城乡统一的就业创业体系

嘉兴不断完善统筹城乡的就业创业体系，通过城乡统一的困难群体就业援助、统一人力资源市场、统一就业服务、统一用工管理等，提高城乡就业质量、创业层次和社会保障水平，为统筹城乡就业创业服务积累了经验。

三　推进城乡基础设施一体化

（一）以市域总体规划为引领，快速推进城乡基础设施一体化

市域总体规划通过统筹考虑城乡重大基础设施和社会服务设施项目的布局和建设，把城市规划覆盖到农村，将基础设施延伸到乡村。同时，规划明确了市域范围内的区域性基础设施以及市域内部的交通、电力、给水、排水等重大基础设施的布局，以建立快速、高效、便捷的交通运输网络和各种交通方式互补的交通运行模式。根据分级配置、分层管理的要求，规划明确了需要总体协调、互联互通的大型市域基础设施，包括区域快速公路运输系统与区域轨道交通系统、域外引水和给水工程、联合排污工程、区域能源系统等，要求各县（市）大型基础设施在自成体系的情况下互连互通。

（二）率先实现城乡公交一体化

经过多年的建设和发展，嘉兴市形成了布局完善、结构合理、智慧高效、绿色安全、畅通有序的城乡公交体系。2003 年，嘉兴市首次改革城乡客运管理模式，通过体制、观念、政策、运行机制四个方面的创新，彻底打破城市公交与农村客运二元分割局面，构建中心城市—副中心城市—中心镇—行政村四级公共交通格局。2021 年，嘉兴市实行第二次城乡公交一体化改革，全面升级城乡公交一体化，重视城乡居民接受公交服务的均等化和人性化，提出了"三网融合""一码通行""四个统一"和"五个规范"的四大总体目标。目前，嘉兴市已完成城际、城乡、市区公交网融合，公交运营品牌化、标准化、均等化，各县（市、区）城际公交快线已全覆盖，城际、城

市、城乡公交票价全部采用"两元一票制",并执行刷卡优惠和统一的特殊人群乘坐公交优惠政策,较大幅度降低城乡居民出行成本,极大地促进了城乡人员交流,激活了市场活力,成为全省首个实现全市域公交一体化的地级市。

四 推进城乡产业融合发展

(一)打造多层次以农业为基础的城乡产业融合平台

一是首创农业经济开发区模式,延伸农业产业链。嘉兴市立足一产基础,按照"农业硅谷、农创高地"的定位建设农业经济开发区,推进"农业+"发展。积极招引国际一线农业品牌企业、国际一流农业高科技企业、国家级农业龙头企业、上市公司,着力发展观光农业、体验农业、智慧农业等新产业新业态,带动农业产业链前延后伸,促进农村农业与城市第二、第三产业融合发展。二是高标准建设现代农业园区,发展农业全产业链。现代农业园区以发展农业全产业链为主线,以龙头企业和产地市场为核心,通过聚集城乡各类产业要素和资源,加快构建由农产品种植、加工、流通、服务为一体的农业全产业链,以促进农业产业集聚、价值提升和利润共享,提升产业发展层次、市场竞争能力和辐射带动水平。三是支持农业科技创新平台建设,构建农业创新链。①支持建设并申报国家级、省级农业高新技术产业示范区、农业科技园区等平台,汇聚城乡优势农业创新资源,吸引农业高新技术企业落户科技园区并引导其建立高水平研发机构;依托浙江清华长三角研究院,创建国家级农业产业科技创新中心。②围绕"两区一城一走廊"建设,以全域孵化发展理念,加快推进农民创业创新"孵化园"、科技特派员创业基地建设,打造农业农村领域的众创空间——"星创天地"。③发展多种形式的创新创业支撑服务平台,健全服务功能,开展政策、资金、法律、知识产权、财务、商标等专业化服务。

(二)"飞地抱团"促进城乡产业资源共享

嘉兴率先创新"飞地抱团"模式,通过县域统筹、跨镇经营、多村联合等建设工业园区、经济开发区，促进城乡产业资源共享。"飞地抱团"是将建设用地指标等稀缺资源从低效利用的农村集中配置到条件相对优越的"飞地"，优化国土空间和功能布局，促进乡村振兴、共享发展。截至 2020 年年底，嘉兴累计建成"飞地抱团"项目 110 个，涉及 1342 村次，其中薄弱村 552 村次，项目总投资109.7 亿元，收益率普遍达到 8%—12%，实现了县域抱团项目全覆盖、集体经济薄弱村全打包、"消薄"任务全兜底。

（三）强化城乡规划一体化设计，以布局促融合

一是以特色小镇建设作为促进城乡产业融合发展主要切入点。嘉兴市始终将镇域作为城乡产业连接的战略据点，通过规划引领、整合资金、优化政策，从农业稳镇、工业强镇、商贸旺镇三个维度着手，加快推进以购物休闲、健康养老、会议会展、文化旅游、科技服务、商贸物流、金融服务、信息服务、农业开发等为主要内容的特色小镇建设，促进城乡第一、第二、第三产业融合发展。推动高新企业、高新技术、高端人才、高效资本优先向特色小镇集聚，率先建成"产学研用金、才政介美云"十联动创业创新生态圈①，支持特色小镇建设制造业创新中心、产业创新服务综合体，将特色小镇打造成为以实现乡村振兴基本目标、汇聚城乡优势要素资源，率先实现城乡产业融合的综合载体。二是推动城市旅游设施向乡村延伸，推动美丽乡村价值转化。一方面，依托江南水乡特色，借助嘉兴城市完善的旅游设施，建设环嘉兴城市乡村旅游线、环大上海水乡田园旅游、古运河乡村民俗风情旅游、杭州湾北岸滨海乡村旅游的全域旅游发展格局，拓展乡村旅游市场。另一方面，以"农业＋文化＋旅游"为切入点，通过民宿、乡村景区等，把美丽农业文章做足，第一、第二、第三产业融合发展，实现乡村"美丽资源"向"美丽经济"转化。

---

① "产学研用金、才政介美云"十联动，即把产业、学术界、科研、成果转化、金融、人才、政策、中介、环境、服务十方面因素融合提升，打造一个创新创业的生态系统。

（四）突出改革赋能，打破城乡产业融合体制机制壁垒

一是以优化土地使用制度改革为核心，强化产业融合发展的要素支撑。在土地资源配置上，建立耕地保护补偿机制，探索城乡建设用地增减挂钩，开展以农房搬迁集聚、宅基地复垦为主的农村土地综合整治，实施农村土地全域综合整治，探索集体经营性建设用地入市。在人力资源供给上，深化户籍制度改革，全面实行按居住地登记户口制度，畅通城乡人口自由流动渠道。在资金投入上，强化资金整合，加大财政投入力度，建立以财政资金为引导、社会资本多元化投入、金融资本积极参与的投融资机制。二是充分利用国家政策试点机遇，加大改革力度。以列入国家"多规合一"试点、国家新型城镇化综合试点、嘉善和海盐两县农村承包土地经营权抵押贷款试点、秀洲区全国农民专业合作社质量提升整县推进试点等为契机，加大城乡二元体制机制改革力度，为嘉兴城乡产业融合发展打下良好的制度基础。

五　推动城乡社会治理现代化

（一）创新"四治"融合

治理现代化的标志在于治理体系架构的标准化、体系化、智慧化，没有统一体系、城乡分割的治理，很难打破信息孤岛，构建共享共治的社会治理新格局。以现代化的信息技术为支撑，嘉兴打造了"一个综合指挥中心+四个平台+一张网"的数字治理体系架构，县、镇、村有效互动，实现了大事全网联动、小事一格解决的社会治理新方式。"一个综合指挥中心"强调在县、镇、村设立一个指挥中心，对多元信息进行综合分析，实现决策统一化和行动一致化。综合指挥中心将信息收集与行动进一步分解，"部门"化，形成综合治理、市场监管、综合执法、便民服务"四平台"，平台拥有标准化治理规范和基本功能，但同时各平台之间也具有互联工作机制，实现"集体协作"。在平台之下，将治理进一步网格化，按照一个网格

"一长三员"的标准治理人员，构建"全科网格"，实现"微治理"。基于此，嘉兴实现县镇村逐级上报与逐级决策的传统治理方式，向基于"一张网"（互联网）的全域社会网络治理体系转变。

在"四治"实践中，嘉兴创造性地在基层治理框架下打造了线上治理"三步法"的"微嘉园"平台，为基层群众报事、办事、评事提供了制度化渠道，让基层群众主动参与治理，实现智治与自治充分结合。"微嘉园""三步法"可以总结归纳为基层群众线上报事、服务组团线下服务、基层群众线上评分。在"微嘉园"平台专门设置了报事模块，收集社情民意，然后基于网格归属划分，由网格、村（社区）、区（镇）等视事情重要程度进行逐级消化分流，形成漏斗式事务解决机制，同时分属于不同层级的服务团体在接到群众"报事"后会快速响应，线下服务，实现"秒回快办"，处理结果由群众线上打分，从而构筑了一套行之有效的社会治理机制。通过"微嘉园"的引导，"大事一起干、好坏大家判、事事有人管"的桐乡"三治"融合实践开始呈现出了新时代基层治理的新天地，使"智治"与"三治"充分融合，形成了新的治理体系与治理机制。

（二）探索基层善治积分制新模式

群众主动治理是乡村自治的根本，也是市域治理现代化的基石。近年来，嘉兴积极探索基层善治新模式，大力推行基层善治积分制改革，进行了不断的演化创新，从平湖市"股份分红+善治积分"乡村治理模式到利用善治积分数字化管理平台创新"四治"融合，实现了将行政层级的目标管理责任制向基层治理下沉的创新，完善了"四治"融合的治理机制，也使得"四治"融合具有强劲的内生动力。从调研来看，积分制的现实意义值得总结。

从嘉兴积分制的实践来看，这种利益既包括通过积分获取的普惠性物质奖励，还包括一些特别性的奖励，比如通过积分获取的信用贷"善治积分贷"。具体来说，"善治积分贷"是一种将积分作为治理手段，与村民贷款联系在一起。具体做法是银行会将村民的善治积分情况换算成授信额度和利率，村民在平时的基层公共事务中所积累的分数越高，授信额度就会越高，利率也会越低。可见，通过多种积分奖励方式，解决了基层治理中的诸多困境，对基层群众起到了激励、动员的作用，在很大程度上实现了群众自我管理、自我教育、自我服务。

（三）"微治理"使治理单元更细化，提高治理效能

精准治理是提升社会治理效能的重要途径。所谓治理效能，指个体治理参与行为所拥有的或能够拥有的对治理过程的影响。从这一界定出发，通过精准治理及时回应社会诉求，有利于提升居民治理效能感，进而激发其社区治理参与的积极性、主动性，促进基层社会治理长效发展。党的十八大以来，嘉兴在网格化治理的基础上，创新运用"微治理"的基层社会治理模式，通过"微党建""微项目"等深化"微治理"的基层社会治理实践，并以"微治理"带跑"长效治理"，加快实现市域治理现代化。

六　推进城乡生态环境协同治理

（一）全面落实党政责任，规范工作机制

2019 年，嘉兴市成立了以市委、市政府主要领导担任"双组长"的生态文明建设示范市创建领导小组和整改工作领导小组，全面落实党政主要领导"第一责任"职责和督察整改主体责任。市委、市政府主要领导与各县（市、区）党政"一把手"签订生态环境突出问题整改责任书，市县两级成立生态文明示范市创建办，抽调 230 余人集中办公，按实运作；各镇（街道）成立生态环境办公室，生态环保队伍力量进一步充实壮大。全面落实"党政同责、一岗双责"，建立市对县生态环境督察、党委政府生态环境工作"月统计、月通报、月排名、月例会"和县委书记年度述职等制度，在市对县党政目标责任制考核中，生态环境保护工作分值的比重提高到 20% 以上，并明确 35 个市级责任部门 130 条工作职责，统一了基层干部的思想

认识，提高了政治站位，全面形成生态环境治理高位推动氛围。

（二）激励不同主体参与

公众参与是城乡生态环境治理一体化取得成效的重要保障。嘉兴市注重发动公众力量，多渠道动员全民参与环境共治，多平台鼓励全民参与监督，形成了持续深化生态环保公众参与的"嘉兴模式"，体现了生态环境治理中的三个"首创"，被写入2016年联合国环境规划会议报告。一是全国首创"民间闻臭师"。建立了一支由4434名生态网格员和1366名"民间河长""民间闻臭师"组成的基层环保队伍，实现了生态环境监督全域覆盖。二是全国首创环保设施向公众"云开放"系列展播。把环境科学和生态文明理念具体化、视觉化、大众化，让老百姓听得懂、能理解、可互动。三是全国首创地市生态环境知识"掌上学"。编制和启动微信小程序，建立"嘉兴市生态环境知识网络学习平台"，全方位、多维度地向民众展示生态环境变化。

（三）规划示范先行，推动城乡生态环境空间合理布局

为实施城乡生态环境治理一体化，嘉兴市先后制定了《嘉兴市生态文明建设规划》《美丽嘉兴建设规划纲要》《加快推进环境治理体系和治理能力现代化 夯实"五彩嘉兴"生态绿色基底的实施意见》，并编制了《国土空间生态修复专项规划》，围绕"全区域、全要素"，统筹考虑农田、村庄、低散乱企业、生态环境等重点领域的整治，加快构建"农田集中连片、农业规模经营、村庄集聚美丽、环境宜居宜业、产业融合发展"的新格局，城乡空间布局得到优化。为推动城乡生态文明建设，嘉兴市又出台了《高水平推进新时代美丽嘉兴建设规划纲要（2020—2035年）》和《嘉兴市生态环境保护"十四五"规划》，坚持以"生态经济化，经济生态化"为导向，着力推进城乡生态环境治理一体化。实施深化城乡融合先行区"3+1"规划，形成了城乡融合发展规划体，也为城乡生态环境治理一体化发挥了引领作用。

（四）加大资金投入，强化城乡生态环境治理保障

实施城乡生态环境治理一体化，需要大量的资金投入作保障。嘉兴市一方面统筹城乡生态治理的资金需求，另一方面拓宽融资渠道，保障城乡生态治理的资金需求。2020 年，市级财政共统筹安排资金约 11.32 亿元（含省级以上补助资金），用于污水设施建设及运营、饮用水源地生态补偿、空气监测设施建设、燃煤锅炉及柴油货车淘汰补助、新能源汽车推广应用补助、生活和餐厨垃圾处置、垃圾处理设施建设、环卫和垃圾分类等方面。同时，历年来已累计投入超过 600 亿元实施全域土地综合整治工程，助力"五水共治""五气共治""五废共治"等，推动了城乡生态环境的改善。嘉兴市创新环保投入机制及筹集方式，拓宽环保资金融资渠道。通过市县共同出资、国有企业直接投入、政府与社会资本合作（PPP）等方式，积极撬动其他资金投入，用于垃圾、污水处理等基础设施建设，提升废物处理能力。

第三节　嘉兴市推进城乡融合发展实践形成的典型模式

经过多年的实践与发展，嘉兴创新探索了一系列举措、积累了丰富经验，在城乡基本公共服务均等化、城乡产业融合发展、城乡治理统筹等领域，形成了一些在全国具有可推广的典型模式。

一　城乡基本公共服务均等化的"海盐模式"

嘉兴市海盐县是浙江省基本公共服务均等化唯一改革试点县，并成为农村公共服务全国样本，形成了"海盐公共服务均等化模式"。近年来，海盐县通过均衡城乡教育发展、实现基本公共服务全覆盖、延伸基础设施等举措，让农民在家门口就可享受到和城里人一样的高品质生活。同时，养老、医疗制度也实现了城乡全覆盖，困难救助、慈善补助等也实现城乡一体化发展，相应的补助标准每年都有一定程度的提高，农民与市民享受的待遇正逐步实现一体化。在教育上，海盐县大力推进教育均衡优质发展，使得城乡教育更加均衡，队伍建设不断优化，优质教育资源覆盖更广，教育质量稳步提高，教育教学走在嘉兴市乃至浙江省前列。在医疗服务上，海盐县以保障人人享有基本医疗卫生服务为目标，以建设标准化、服务规范化、改革纵深化、资源均衡化为抓手，着力缩小城乡之间、群体之间的基本公共卫生服务差距。在文化上，海盐县不断完善公共文化基层流动式服务机制，让基层群众享受到与县城居民相同的文化服务。

"海盐公共服务均等化模式"有很多值得推广的地方。首先，海盐县坚持保障农民权益是首要任务。海盐县从农村土地入手，让农村集体土地与城市国有建设用地一样也享有出让、租赁和入股权，提高农民财产性收入。此外，海盐县还转变农民的生产方式，从依赖农业转向工业、服务业主导，再通过公共服务向村级延伸，使农民与城市居民享受同等的保障和服务，并提供城乡无差异、身份无差异的同等就业服务和培训服务，加强农民技能。其次，海盐县引导资源要素向基层和农村倾斜。近几年，海盐县加大对基本公共服务领域的财政投入，地方财政用于基本公共服务领域的投入，在改革之后一直保持每年 19% 左右的增长。海盐注重发挥市场和社会组织的专业化优势，鼓励支持社会机构承接政府职能转移。最后，海盐县在改革过程中，对指标体系进行了量化。海盐县明确了 11 个方面 38 项改革任务，推出 35 个重点项目和 70 项量化考核指标，探索出一条公平均等、多元高效的改革新路。

二 农业经济开发区的"广陈模式"

嘉兴于 2017 年首创了农业经济开发区模式，按照"以工业的理念发展农业、像重视城市建设一样建设农村、像经营城市一样经营农村"的发展理念，通过三次产业互相赋能推进城乡统筹、产乡融合发展。到 2021 年，嘉兴农业经济开发区实现县（市、区）全覆盖，累计带动 1.42 万名农民就业，促进农民增收 4772.4 万元，为新时期以农业现代化促进城乡融合、共同富裕具有重要参考价值。

2017 年，平湖市广陈镇率先探索建立浙江省首个农业经济开发区，积极引育高质量现代农业产业项目，全面打造长三角科技农业发展战略高地和平原水乡乡村振兴样板区，探索形成了乡村振兴的"广陈模式"。2019 年嘉兴市人民政府办公室发布《关于推进农业经济开发区建设的指导意见》，提出"到 2020 年，每个县（市、区）至少建成 1 个规划建设面积不少于 2 万亩的市级农业经济开发区"的目标。要求每个开发区至少达到"八个一"：一个高效运转的开发区管理机构，一套绿色生产与生态循环农业体系，一条以主导产业为基础的农业全产业链，一个联结紧密的农业产业化联合体，一个功能完善的农民创业创新孵化园，一个以特色农产品为核心的区域公用品牌，一个与主导产业相结合的休闲观光农业基地，一批海内外高层次农业主体和一流的农业科技合作、资本投资项目。

其中，作为首个农业经济开发区，"广陈模式"的主要经验包括：一是创新独特产业发展平台。改变传统农业园区按一产划分功能的模式，积极推动"三产融合"与"三生融合"，打造景区式、标准化的农业园区建设，实现产业板块和城镇板块的融合互动。二是接轨国际科技农业集群。于 2020 年规划建设 3 平方千米的国际科技农业合作示范区，招引种子种源、数字应用、农业服务等新型科技农业项目 38 个，与美国、德国、荷兰、以色列、日本等国开展合作的项目十余个。三是构建共同富裕产乡发展模式。以科技农业、设施农业、数字农业等高端农业发展为契机，组织村集体参与农开区平台建设和产业发展，以产业带动村庄，项目带动资产，实现村集体固定资产、土地资源的裂变增殖，助推集体经济快速发展，为村集体实现每年约 2000 万元的增收收益，村均增收 180 万元/年以上。

三　"飞地抱团"的"嘉善模式"

自 2015 年开始，嘉善县探索实施以"县域统筹、跨村发展、股份经营、保底分红"为主的"飞地抱团"发展模式，将全县各村（社区）的零碎土地指标、资金等集中"腾挪"到更优质的区域，联合发展规模型、集聚型、生态型强村项目，推动村级集体经济统筹发展、均衡发展。逐步探索出从县域抱团到跨市、跨省抱团新模式，于 2021 年和以庆元县为代表的山区县签订共建山海协作"科创飞地"项目框架协议，创新探索"面向大上海、研发在嘉善、转化在当地"的山海协作新模式，不断夯实"强村富民"新格局。

（一）创新"飞地抱团"，作好"三篇文章"，推动有效增收

1. 强化组织领导，以六个"统一"凝聚工作合力

成立县"强村计划"领导小组，建立健全"统一规划、统一审批、统一建设、统一经营、统一管理、统一核算"的"六统一"体制，充分整合县级各职能部门的政策资源，积极调动"飞地"所在镇（街道）的积极性，形成共推"飞地抱团"的强大合力，提升项目建设审批效率，加快项目开展进度，推动村集体项目投资实现早开工、早投产、早分红、早收益。

2. 整合资源要素，以"飞地"集聚提升项目效益

在加快发展村级集体经济的进程中，不断探索"飞地抱团"的发展路径，总结出借助有利区域位置打造精品产业的发展导向，充分运用"土地+资金"的联合模式，整合利用相对经济薄弱村等主体提供的土地指标等要素，依托地域优势组建"飞地抱团"项目，实现了项目资源和空间资源的高效配置，亩均产出翻倍增长，大幅提高了"飞地抱团"项目的租金收益，提升抱团集聚效益。以大云中德生态产业园项目为例，该项目每年投资收益可达 940 万元，惠及22 个村。

3. 围绕提质增效，以腾退转型提升产业层次

通过不断迭代升级"飞地抱团"模式，开展"退散进集"暨低

端产业腾退整治，完成"低散乱污"企业整治提升 5210 家，累计腾退低效用地 2.18 万亩，建设了一批"两创"中心和小微产业园，为集聚优质项目，推进实体经济"二次创业"和产业转型升级留出了发展空间，同时也弥补了因"低散弱"腾退对村级集体经济造成的阶段性影响。目前，全县"飞地抱团"项目共集聚了 1300 余家优质企业。

（二）加快迭代升级，践行"三步战略"，引领共创共富

1. 开展"强村计划"，推进镇域内"飞地抱团"

2012 年以来，在村村联建的基础上开启镇域联合抱团项目历程，由镇政府牵头联合本镇所有村抱团集聚，逐步实现镇（街道）"飞地抱团"项目全覆盖。目前，镇级统筹抱团项目有 14 个，其中参与一个抱团项目的村 18 个，占 16.2%；参与两个以上抱团项目的村 93 个，占 83.8%，其中，30 个重点扶持村均参与一个以上抱团项目。

2. 推进迭代升级，实现县域内"飞地抱团"

2016 年以来，由县强村办牵头推动县域内跨镇联合"抱团"项目，打造高质量、规模化的产业架构，实现"飞地抱团"的迭代升级。目前，全县已累计实施"飞地抱团"强村项目 21 个，村级总投资达 22.8 亿元，已建成 12 个项目，可为 104 个村带来 1.1 亿元分红收益。预计 2021 年全县村均经常性收入达到 425 万元，位居全省前列。

3. 突破县域范围，探索跨市域、跨省域"飞地抱团"

为响应精准扶贫、精准脱贫，坚决打赢脱贫攻坚战号召，2019 年，创新跨省、跨市"飞地抱团"合作模式，由四川九寨沟县、浙江庆元县共同注册成立全资国有公司，共建跨省"飞地"生态产业园，由嘉善县代为建设并负责统一招商、管理、运营、分红，优先招用九寨沟、庆元技能人才和优秀劳动力，为全国东西部扶贫协作和浙江省山海协作做出了贡献。每年可为庆元县 83 个经济薄弱村和九寨沟县 48 个脱贫村增收 2200 万元、村均增收 16.8 万元。

（三）完善扶持体系，做好"三重保障"，加速项目落地

1. 强化政策保障

在贯彻落实好国家有关政策的基础上，制订了连续四轮"强村计划"，加大对"飞地抱团"项目的支持力度，县里每三年安排总量200亩土地指标倾斜支持，允许跨年度统筹安排使用，采取土地出让净收益全额返还等18项规费减免措施，为发展县内村集体"飞地抱团"营造了良好的环境。

2. 强化项目保障

"飞地"产业园全程实施项目化运作，由共同成立的公司负责项目土地摘牌、厂房建设、后续运营管理等工作，着力引进一批符合产业发展需求的高质量项目，并在招商引资、项目落户政策上给予优惠和倾斜。如大云中德生态产业园定位德国等欧美国家精密机械、装备制造产业开展精准招商，成功吸引道博模具、奕烯科技等8家企业入驻。

3. 强化服务保障

为确保"飞地"产业园能在最短的时间开工建设、竣工投产，在行政审批、服务效能等方面为"飞地抱团"项目开辟绿色通道，实行全程代办，由"红色代办员"逐一制定项目审批全流程图、项目建设前期进程表等"一图一表"，通过倒排时间、流程优化、模拟审批等方式，全面压缩审批时间，促使项目早开工、早产出。以干窑镇9村联建"两创中心"项目为例，从取得国有土地使用权出让合同到正式开工建设仅用了4个工作日，比正常流程减少了近30个工作日。

四　城乡融合节点建设的"特色农业强镇"

特色农业强镇是以地方特色产业为基础，农旅融合发展为主线，依托生态资源优势和历史文化内涵，通过开发农业多功能，加快发展休闲、创意农业，促进生产、消费、体验互动，实现"三生"（生

产、生活、生态）有机融合、"三农"（农村、农业、农民）统筹发展和城乡产业融合发展。

嘉兴市目前已经建成省级农业特色强镇 10 个，分别是海宁市长安镇（花卉特色）、秀洲区油车港镇（菱果特色）、南湖区凤桥镇（水果特色）、海盐县澉浦镇（果蔬特色）、桐乡市石门镇（果菊特色）、嘉善县姚庄镇（果蔬特色）、平湖市新埭镇（果蔬特色）、桐乡市崇福镇（蔬果特色）、秀洲区王江泾镇（渔业特色）、平湖市林埭镇（水产特色）。

近年来，桐乡市崇福镇以"一园一带三区多点"为总体定位，建设提升现代农业科技创业园、运河绿道休闲景观带、精品农业示范区、绿色蔬果生产区、粮菜轮作示范区、农产品物流园、森利园、蚕桑文化体验园。按照"集聚、特色、精品"的要求，围绕"千年古城、梦想小镇、绿色蔬果、美丽田园"的目标，以建设现代农业创业园为核心，辐射示范带动崇福农业转型升级，以蔬果产业转型升级为主要抓手，健全蔬果全产业链建设，进一步做精做强崇福农业，力争把崇福镇打造成宜业、宜居、宜游的省级蔬果特色农业强镇。自创建以来，崇福镇各项工作措施落实到位，项目有序推进，强镇建设重点项目共计 39 个，总投资额 47187 万元，圆满完成创建目标。

2019 年，王江泾镇被浙江省农业农村厅确定为渔业省级特色农业强镇创建对象。项目建设地点为王江泾镇北荷村、市泾村、廊下村等 9 个村，规划总面积 3.9 万亩，其中水域面积 1.5 万亩，包括莲泗荡、梅家荡和田北荡等湖荡。全产业链延伸，渔业产业实现"稳面提质"转型发展。王江泾镇充分利用好"中国青鱼之乡"品牌，延伸青鱼产业"原种保护—良种繁育—标准化养殖—产业化加工销售—休闲渔业"全产业链条，加大梅家荡、嘉荷池青、天然荡等多个青鱼品牌培育，建立养殖、捕捞、宰杀、腌制、晾晒、销售等数十个环节，实现"从鱼塘到餐桌"的产品质量溯源。2017 年以来，全镇渔业全产业链总产值以平均年增幅 10.4% 的速度发展，到 2020 年渔业全产业链总产值达 5.9 亿元，其中水产养殖 2020 年产值首次突破 4 亿元大关。

林埭镇是平湖市传统农业乡镇，也是水产大镇。全镇现有水产养殖面积 4039 亩，2019 年全镇渔业总产量达 8000 多吨，养殖品种有南美白对虾、泥鳅、沼虾、青虾、甲鱼等，其中以南美白对虾为主要养殖品种。目前已初步形成了农业龙头企业带动、重点经营大户为主体、渔业专业合作社为补充的多元化主体，水产养殖、农资供应、观光休闲业态多样化的发展态势。近年来，林埭镇以南美白对虾养殖为主的特色水产养殖业优势日益凸显，"世季鲜"水产、"阿美珍珠"等水产品品牌享誉全国，先后获得了全国"一村一品"（虾）示范镇、浙江省"水产强镇""东海文化明珠"以及嘉兴市"乡村振兴示范镇""生态镇"等称号。

五　城乡治理融合的"桐乡模式"

2017 年，嘉兴首创的"三治融合"被写进党的十九大报告，"加强农村基层基础工作，健全自治、法治、德治相结合的乡村治理体系"[①]。2018 年 1 月，中央政法委提出"坚持自治、法治、德治相结合，是新时代'枫桥经验'的精髓，也是新时期基层社会治理创新的发展方向"。"三治融合"为促进市域社会治理现代化、提高城乡治理效能探索了新模式。

"三治融合"由嘉兴下辖的桐乡市高桥街道率先探索实践。2013 年，第一个村级道德评判团在高桥街道越丰村成立。村级道德评判团由村干部、党员代表、村民代表和道德模范代表组成，专门评判村里事情的对错、村民德行的好坏，让群众自己教育自己、规范自己、管理自己。成立当年，道德评判团就参与了"四好家庭""五有

---

① 习近平：《决胜全面建成小康社会　夺取新时代中国特色社会主义伟大胜利——在中国共产党第十九次全国代表大会上的报告》，《人民日报》2017 年 10 月 28 日第 1 版。

市民"评选全过程。这一探索得到了广泛认可和肯定，之后，高桥街道在所辖村（社区）都建立了道德评判团，随后又建立了百事服务团和法律服务团，为群众提供快捷方便的各类生活和法律服务。

嘉兴市总结推广桐乡的做法，在村（社区）层面，普遍建立健全"一约两会三团"，即村规民约（社区公约）、百姓议事会、乡贤参事会、百事服务团、法律服务团和道德评判团，成为"三治融合"在基层扎根的有效载体。

近年来，紧跟数字经济发展时代背景，嘉兴市率先探索以智慧化手段赋能高质量治理，推动构建自治、法治、德治、智治"四治融合"的乡村治理体系，努力打通服务群众"最后一公里"，筑牢全面依法治国根基。

第四节　当前嘉兴市城乡融合发展面临的主要挑战

一　城乡要素市场一体化进程存在制度性阻碍

（一）城乡二元土地制度破解难

城乡土地市场一体化推进难是城乡要素配置不畅的最大制度性障碍。农地转非农用地必须实行政府征收、非农经济活动必须使用国有土地，土地用途和年度指标管制以及政府独家垄断土地市场等问题难以突破。农村宅基地申请权利资格认定、宅基地使用"增人不增地、减人不减地"改革等仍需尽快破题。如农村宅基地申请上，法律规定只有农村村民享有宅基地申请权，而户籍制度改革取消了农业和非农业户口之分，享有农村宅基地申请权利的资格认定成为一大难题。

（二）高素质人才自我生产能力不足，乡村吸引人才能力有限

当前，嘉兴本地的高等院校毕业生无法满足嘉兴进一步发展城乡产业的需求，需要通过外部人才引进的措施才能补上发展过程中出

现的缺口。全市规模以上企业行业从业人员中，大专及本科以上学历人数为 44 万人，对比近些年毕业生的人数，表明有一部分大学生并没有留在嘉兴本地，而是前往了其他城市，这说明嘉兴市对于人才的吸引能力还有待提高。与此同时，乡村产业从业人员劳动素质不高，政策引导、设施配套等人才下乡支撑性有待提升。

（三）城市资本下乡面临内生动力不足

一方面，银行信贷资金投入不足。目前，在嘉兴市，除了私营金融机构，工、农、中、建和邮储银行等金融机构向乡村投放的信贷规模普遍较低。农村信用社提供的小额信贷难以满足乡村产业的发展。农地承包经营权、宅基地和农房抵押融资面临价值评估难、流转处置难、风险补偿难等难题，金融机构无法处置这些资产的使用权，导致了农村地区银行信贷资金投放不足，金融资源占比很低，支持农村发展的能力和效果明显偏低。另一方面，乡村社会资本利用率偏低。嘉兴市农林牧渔等行业固定资产投资额占全行业比重不到千分之三，农业发展除了政府提供的财政拨款，得到的社会资本的投入量处于较低的水平。

二 城乡基本公共服务供给水平差距尚未完全消弭

近年来，嘉兴城乡基本公共服务供给数量显著增加和质量显著提升，但城乡之间基本公共服务的供给水平和供给质量仍然存在一定差距。例如，嘉兴在城乡卫生医疗资源方面仍然存在一定差距，嘉兴市区的人均拥有卫生机构和床位数量是非市区地区的 1.61 倍和 1.88 倍，这一差距高于全国城乡之间的差距。与此同时，虽然嘉兴十分重视基层卫生医疗机构网络建设，但城乡卫生医疗硬件资源配置上的差距仍然不容忽视，如嘉兴非市区地区的人均拥有基层卫生医疗机构数量已经高于市区，然而市区人均拥有的基层卫生医疗机构床位数却达到非市区地区群众的近 3.94 倍，由于城乡卫生资源配置不平衡，乡镇卫生院（所）仍然很难提供优质的医疗服务。此外，嘉兴十分重视教育均衡发展和实现教育公平，所以在教育的配置上城乡的教育资源差距并不是很大，但数量上的差距并不是问题的重点，更值得关注的是教师的质量在城乡之间存在差距。而在养老设施方面，嘉兴城区养老机构的软硬件设施较好，入住率较高，但农村养老机构的硬件设施、服务水平普遍不高，空置比较严重。基本公共服务的供给水平和质量差距影响着城乡居民的公平感、获得感和满意度，随着嘉兴城乡基本公共服务均等化水平的不断提高，未来要实现更高水平、更高层次的基本公共服务均等化，应不断弥合城乡差距，直至城乡基本公共服务供给水平、供给质量和供给标准实现全面均衡化。

三　乡村基础设施标准及质量待进一步提升

（一）乡村基础设施行业标准有待提高

相比于城市各行业统一的技术标准和规范的行业操作，嘉兴市农村的水电网供应、道路建设、客运管理、"三污"处理等领域则技术和行业管理标准制订相对滞后，农村基础设施建设标准整体偏低。目前，嘉兴市农村基础设施供应和管理企业尚未明确统一的企业资质管理规定，并且没有统一的行业管理规范和技术管理标准，造成基础设施的供给和质量与预想的有所差距。如农村道路连接不畅问题依然存在，与当前城乡居民需求有较大差距；城乡公交停保场未有建设标准，部分路段匮乏，使得有些城乡公交班次只能在路边停车，影响城乡居民出行等。

（二）乡村基础设施建设质量有待提升

城乡基础设施建设不仅需要在数量上加大投入，还应该确保城乡居民享受的质量。目前在部分城乡基础设施一体化建设上，嘉兴市已经完全实现了城乡居民公平地获取某种公共产品的可能性，但农村居民所享受公共服务的质量还有待提高。如城乡一体化的公共图书馆和文化馆服务体系，虽然已经尽可能地延伸到了嘉兴的每一个乡村，利用率也较低。博物馆和村级文化礼堂等设施部分存在闲置状态，文化服务供给质量还需进一步提升。

四　城乡产业融合发展层次不高、镇域节点作用不明显

（一）城乡产业融合层次不高

农业产业融合发展尚处在起步阶段，农产品精深加工不足、流通不畅，存在产业链较短、规模偏小、品牌价值低、聚集程度弱等问题。农村产业科技创新能力不强，未能充分利用城市优质创新资源，造成科技成果转化不快、基层科技创新服务人员普遍数量不足。乡村旅游、"互联网+"农业等新产业、新业态规模偏小，需要进一步打通城乡商品流通渠道，以有效利用城市消费市场。

（二）镇域节点作用不明显

以中心镇、重点镇等镇域作为城乡交汇的主要区域，存在空间不够、配套不全、特色不足、承载城乡要素资源不足等问题，造成镇域作为城乡产业融合发展的节点作用不明显，未能充分发挥其"联城接乡"重要功能。[①]

五　城乡生态环境治理一体化机制需要完善

（一）多元化的投入机制没有建立

从实践来看，各级政府仍是生态环境治理资金投入的主体，企业还没有切实承担起治理污染的主体责任，政府主导、企业主体、社会和公众共同参与的多元化生态环境治理投入机制尚未建立。

（二）生态环境监督监管难以落实到位

当前，镇（街道）生态环境保护主体责任落实不够。

（三）乡村环保资金投入不足

在财政政策体系制定中仍存在"重城市、轻农村"的现象。如相比城镇和工业园区，农村规划经费较少，且不能落地的现象较普

---

① 年猛：《嘉兴市城乡产业融合发展的思路与深化路径研究》，《城市》2022年第4期。

遍；城乡绿化养护，市财政有每平方 5 元的养护费，而农村公共绿化养护为零。

第五节　进一步深化嘉兴市城乡融合发展的政策建议

一　深化城乡土地制度改革，优化城乡土地资源配置

（一）以全域土地综合整治构建城乡融合发展平台

制订并组织实施全域土地整治规划，实施好以高标准基本农田建设为重点的土地整治重大工程及示范建设，建立健全"政府主导、农村集体经济组织为主体、资规①、搭台、部门参与、统筹规划、整合资金、各计其功"的土地整治和高标准基本农田建设新机制。在符合规划和用途管制的条件下，允许农村居民利用宅基地开展或合作开发民宿等产业，打通农村闲置宅基地盘活利用与集体经营性建设用地入市的制度性通道。

（二）建立完善公平合理的土地增值收益分配制度

完善补偿机制，拓宽安置途径，按照同地同价原则，及时足额给予农村集体组织和农民合理补偿，确保被征地农民生活水平有提高、长远生计有保障。按照统筹平衡征地补偿与集体经营性建设用地入市收益分配的原则，完善集体经营性建设用地入市土地增值收益调节办法。完善留归集体的土地收益的使用办法，结合"三资"监管平台建设，严格监督监管资金使用情况。

（三）完善农民"三权"自愿有偿退出机制，建立体现产权价值的补偿标准

针对农户主动放弃全部或部分农村集体产权条件下的自愿有偿退出机制，要在坚持农村集体所有制性质不动摇、保障农民利益不受损的原则下，鼓励和支持符合条件的农户，将全部或部分农村集体

---

① 资规指自然资源和规划局。

产权自愿有偿退给所在村集体。农村集体产权自愿有偿退出的关键在于有偿标准合理、方式得当，应统筹考虑集体和农民的利益，兼顾眼前利益与长远利益，建立合理的补偿标准和多元化的补偿模式。具体价格和模式由退出主体与村集体自愿协商确定，双方须签订自愿有偿退出协议。

二　改善人才引进结构，更好适应城乡融合发展现状

（一）改善人才引进的结构

高端技术人才，须进一步加大吸引力度，使他们在落户嘉兴的同时能够进入乡村，进入基层，为乡村产业的发展出谋划策。其次，拥有职业技术的专业人才，需要放宽这一群体落户嘉兴的毕业年限限制，放宽企业单位设立集体户的条件限制，将已经毕业年满15年但拥有较高技术水准的产业工人纳入集体户口，助力嘉兴工业与高端制造业的转型升级。最后，促进农业转移人口深度市民化。[①] 在保持现有规模水平的情况下，将一部分农业转移人口分流至城市周边的城镇。

（二）完善农村人才培育体系

一方面要加强对乡村基础教育发展的投入，通过教共体资源的支持，完善农村教育的硬件和软件，在乡村范围内营造学习氛围，为乡村本土人才的培养奠定基础；另一方面，需要进一步寻找和挖掘乡村地区可用的人力资源，不断增加农技大讲堂的开设频数以及设立专门的农业生产技术培训课程，与城区的科研院所开展常态化合作，形成具有针对性的、区域性的人才培养基地。

三　破除资本下乡障碍，引导城市资本有序向乡村流动

（一）发展适合乡村发展的多种所有制金融机构

首先，建立以公有制为主体，多种所有制并存的金融机构，建立

---

① 李爱民等：《我国农业转移人口深度市民化研究》，《中国软科学》2022年第8期。

多元化的竞争格局，提高农村地区金融服务水平和效率。其次，进一步明确分布在乡村各地邮政储蓄银行和农村信用社的功能地位，发挥其广泛吸纳农村存款的同时积极地服务乡村的作用，减少乡村资金的外流。最后，继续推进农商银行的改革进程，改变其以往相对独立于乡村社会之外的局面，加强农商银行与农民合作社等组织之间的联系，建立相关的绩效考核机制，更好地发挥其惠农支农方面的作用。

（二）积极引导社会资本投资乡村振兴建设

要吸引更多的社会资本下乡，首先，需要政府部门加强政策扶持，通过出台专项社会资本支持乡村振兴的政策意见，利用 PPP 等政府与社会资本合作的新模式，强化土地、税收和财政金融方面的举措，为社会资本的进入打造良好环境。其次，要提高政府服务保障水平，加强服务农业农村领域项目平台建设，根据乡村资源禀性，为社会资本投资乡村产业发展提供信息支持，建设、运营的全方位服务，为项目开展提供便利。最后，明确目标和原则，建立社会资本与村民之间的利益共享机制，确保农民的固有权益不会受到侵犯。

四 推进城乡基本公共服务高质量普惠共享

（一）加大城乡高质量基本公共服务供给

第一，推动卫生服务资源城乡区域分配均等化。发挥统筹城乡优势，深化医共体医联体建设，"大手牵小手"优化医疗资源利用，"留人加引人"提升基层队伍素质，"引领与引导"打造合理就医秩序，让全民共享更加优质、连续、高效、便捷的健康服务。第二，扩大优质教育资源覆盖面，鼓励各级各类学校教学资源社会化和市场化，主动对接长三角优势教育资源，大力实施"名师到嘉"工程，瞄准教育现代化、对标教育国际化。第三，加大嘉兴标志性公共文化设施建设，提升城乡文化公共服务现代化服务水平和对全市域及周边地区的文化综合辐射能力，进一步加大城市社区综合文化服务中心和镇村新型公共文化空间建设。第四，实施积极就业政策，建立一主多元的就业服务供给模式，完善收入分配政策，在经济增长的同时实现居民收入同步增长，在劳动生产率提高的同时实现劳动报酬提高。第五，加快实现各类社会保险标准统一、制度并轨，建成覆盖全社会的高标准多层次社会保障制度，充分发挥社保对保障人民生活、对调节社会收入分配的重要作用。第六，智慧赋能高品质城乡基本公共服务。以更透彻的感知体验、更全面的互联互通、更深入的智能应用作为新时期公共服务的工作标准，整合和打通公共服务大数据，用智慧养老、智慧医疗、智慧就业、智慧健康、智慧社保等构筑起嘉兴智慧服务综合平台。

（二）健全城乡基本公共服务标准体系

第一，明确城乡基本公共服务质量的综合标准。质量过程控制的严谨性与服务质量结果的可控性有赖于公共服务的技术质量标准，不仅需要明确公共服务质量保障的投入产出与生产过程标准，还需建立相应的城乡民众评价标准。推进供给体系与公众实际需求结合，制定和修订一批与人民群众生产生活密切相关的服务项目的供给标准。第二，细化公共服务的分类质量标准。公共服务无论是政府直接供给，还是公私合作生产，都应分类制定不同的公共服务质量标准，以确保不同的公共服务质量标准的细化、精准与可控。坚持长期稳定与动态调整相结合的原则，在公共服务的供给上不仅要给出具有差序性的标准化水准，更要体现出不同地区之间基本公共服务水平的赶超性。第三，建立健全质量过程控制的公开透明监督机制。基本公共服务质量过程控制机制的内核是公共部门管理机制的"内向型"完善，而有效的质量过程控制有赖于向服务接受者公开质量供给流程、公共服务质量标准、质量责任部门以及考核结果。第四，建立基本公共服务清单制。在落实国家清单"规定动作"的基础上，可增加嘉兴地方项目作为"自选动作"。清单应涵盖服务项目的名称、目标人群、具体内容及最低标准，明确支出责任，尽可能制定关于服务人员配比、财力投入保障、土地供应指标等的详尽规定。

五　提高城乡产业融合发展水平

（一）完善城乡产业融合发展政策体系

第一，用好国家城乡融合发展试验区试点政策。嘉兴湖州片区是国家城乡融合发展 11 个试验区之一，应充分利用国家城乡融合发展试验区试点政策机遇，从城乡产业融合发展面临的体制机制障碍着手，全面争取上级部门政策支持。第二，完善财政政策，发挥财政资金撬动作用。一方面，充分发挥财政资金"四两拨千斤"的作用，创新举措，调动各方面的资源力量，合力推进城乡产业融合发展。加大财政贴息等金融扶持政策，引导信贷、债券、基金等金融资本支持城乡产业融合项目。另一方面，建立城乡产业融合发展基金。以政府引导、市场参与的方式组建专项基金，财政安排注入一点，盘活存量镇村集体资产增加一点，国资企业和其他社会资本参与一点，建立一支聚焦城乡产业融合发展的专项基金，聘请专业团队管理，孵化农业创业项目，推动城乡产业提质融合发展。

（二）打造高能级城乡产业融合发展平台和特色小镇

第一，高标准建设农业经济开发区。按照高起点规划、高强度投入、高标准建设、高效率管理、高水平示范的要求，重点做强生态高效农业，壮大农业经营主体，强化科技创新与应用，推进三产融合发展，发展形成具有嘉兴特色的农业经济开发区模式。第二，打造都市型农业"硅谷"。聚焦上海这个大都市市场，对标国际一流，引领未来发展，着力打造一批具有嘉兴特色的、农业价值链显著提升的优质稻米示范区、特色农产品优势区和美丽经济转化区。第三，建设农业特色强镇。突出"集聚、特色、精品"要求，大力发展主导产业强、生态环境美、农耕文化深、农旅融合紧的特色农业强镇。引导发展"一镇一业""一村一品"，推动乡村特色产业品质提升。

（三）构建城乡第一、第二、第三产业融合发展体系

全力打造全产业链农业，拓展农业产业多种功能，发展设施农

业、互联网+农业、观光农业、体验农业、创意农业、农产品加工业、民宿经济等新业态。加快打造嘉兴"一村一品"景区村庄，创建"休闲农业和乡村旅游精品线"。加快发展"互联网+"农业，大力发展农村电子商务，推进农村电商村建设。积极探索网店、微店、直播带货等农产品线上经营模式。探索农产品个性化定制服务、会展农业和农业众筹等新模式。

六　完善城乡社会和生态治理融合体系

（一）注重三治融合基础上的智慧融合

从传统的"三治融合"向"四治融合"转型中，首先要突出"三治"中法治的主导性，然后再谈德治如何填补法治在基层自治中可能的缺位及德治为先的必要性。一是从基层政府与村委会权责关系的梳理开始，进而依法行政，然后要向基层政府与农村居民群众服务内容的梳理，进而依法服务。二是依据《中华人民共和国宪法》、《中华人民共和国民族区域自治法》和《中华人民共和国村民委员会组织法》设置自治各方面代表的权力清单、责任清单，尤其是对执法人员和执法辅助人员的权责范围，做到"法无授权不可为"。三是要运用现代化的信息手段，构建"大数据、互联网、云计算+农村基层社会治理综合执法"模式，健全细化工作机制，对于各类风险进行提前预防，信息共享，促进部门联动。四是要推进执法力量下移，实现网格化管理，建立全面覆盖农村学校、村路、街道的农村基层社会治理综合执法服务站。适时推进法律专业人员进村轮岗制度，使法律服务、纠纷调解融入农村基层，提高法治的覆盖性。

（二）提升"微治理"中的德治能力

坚持好、发展好新时代"枫桥经验"，按照民主化的原则，建立以规立德，以文养德，以舆论监督促德的"网格"德治建设体系。在以规立德方面，要结合贯彻《社会主义核心价值体系建设实施纲要》和借鉴《浙江省公民道德建设纲要》，通过梳理道德标准，建立网格化社会公德、家庭美德与职业道德。加强网格内法制硬约束与德治软约束共治，提出德治可操作性的社会规范，制定合理的乡规民约、行业规章、职业制度、社会组织章程，实现以规立德。在以文养德方面，广泛开展基层文化活动，用优秀的文化传统熏陶，提高基层群众的整体文化素质和道德修养。通过网格内文化活动，弘扬传统美德，引导广大群众明理、知耻知辱、趋善。在以舆论监督促德方面，加强网格内身边好人好事评比、道德模范评比、文明人评比。构建网格道德大讲堂，推行一网格一道德宣讲人制度，提高德治人员力量。

（三）加强能力建设，完善生态环境治理体系

第一，增强基层生态环境责任。根据推进城乡生态环境治理一体化的现实需要，加强生态环境人才队伍建设，理顺县级层面生态环境保护综合行政执法机构体制机制，试行生态环境保护综合行政区域执法。第二，依靠信息化手段，提升数字化环境监管能力。通过生态环境监测能力建设，完善水质自动监测网络、土壤和地下水监测网络，扩大污染源在线监控覆盖率，加快推进固废危废处置的全过程留痕监管。第三，深化环保公众参与机制。完善市县镇村四级环境信访问题发现网络体系。整合"微嘉园"、市长热线、12369环保举报热线，构建全域全时段的环保社会监督网络。加大生态环境知识培训力度，加强生态文明建设宣传，引导公民自觉履行环境保护责任。

第四章　建设区域协调发展的引领区

作为城乡区域协调发展的两大核心之一，区域协调发展是针对区域发展不平衡问题提出的一个相对平衡的动态概念。实施区域协调发展战略是贯彻落实新发展理念、解决发展不平衡不充分问题的关键举措，是推动中国经济高质量发展的重要支撑，也是实现"两个一百年"奋斗目标和全体人民共同富裕的必然要求。本章主要分析了浙江省区域协调发展现状特征，讨论了浙江省区域协调发展面临的主要问题，回顾了浙江省促进区域协调发展的主要做法，在此基础上明确了进一步促进浙江省区域协调发展的目标与思路，并着重探讨了浙江省加快建设区域协调发展引领区的具体路径。

第一节　浙江省区域协调发展现状特征

改革开放以来，中国作为后发国家，政府以强制性制度变迁与诱导性制度变迁为要素快速集聚、有效实施赶超战略提供了有力支撑①。中国区域经济不仅实现了从"非常落后"到"较高水平"的效率跃升，也经历了从不平衡发展到协调发展的战略转变。随着经济发展战略和体制的转轨，国家促进区域协调发展的政策和制度安排呈现为特色鲜明的四个阶段：不平衡发展战略时期（1979—1998

---

① 高培勇等：《高质量发展背景下的现代化经济体系建设：一个逻辑框架》，《经济研究》2019 年第 4 期。

年）、区域协调发展战略启动期（1999—2011 年）、区域协调发展战略深化期（2012—2017 年）、新时代区域协调发展战略期（2018 年至今）①。在各阶段国家政策的支持与指导下，浙江省作为率先着力于缩小区域发展差距的省份之一，在区域协调发展方面取得了显著成效，并体现了一些新态势。

一　山海差距由扩大趋向缩小

资源禀赋差距是区域发展必须面对的现实问题，而各类资源向优势区域集中是客观经济规律。浙江省作为东部沿海省份，自改革开放以来取得了良好的经济成就，人均地区生产总值（GRP）从 1978 年低于全国平均水平 50 元的 331 元，高速增长至 2021 年高于全国平均水平 3.2 万元的 11.3 万元。然而，浙江省整体地势可以概括为"七山一水二分田"，其面积（10 万平方千米）仅占全国的 1.06%，山区面积约占全省面积的 70%，省域内地貌复杂，自然资源并不丰厚，沿海地区与山区经济发展条件存在天然差距。因此，如何在资源流动过程中稳定与平衡区域间的发展差距，是浙江省需要一直面对的严峻问题。

浙江省是中国率先着力于缩小区域发展差距的省份之一，2001 年起便提出了"山海协作工程"以推动省内西南山区和舟山海岛等欠发达地区的发展。为客观反映浙江省各区域间的经济发展差异与变动趋势，依据 2003 年颁布的《浙江省人民政府办公厅关于全面实施"山海协作工程"的若干意见》与 2018 年颁布的《中共浙江省委浙江省人民政府关于深入实施"山海协作工程"促进区域协调发展的若干意见》，本章节以设区市为基本单位，将浙江省划分为三大区域：一是"西南欠发达山区"，即"山海协作工程"最初明确指出需要帮扶的欠发达地区，具体包括衢州市、丽水市与舟山市。二是

① 李兰冰、刘秉镰：《"十四五"时期中国区域经济发展的重大问题展望》，《管理世界》2020 年第 5 期。

"沿海发达地区",即"山海协作工程"中与欠发达地区结对帮扶的发达地区,具体包括杭州市、绍兴市、宁波市、嘉兴市和湖州市。三是"浙中与东南地区",即首批"山海协作工程"中发达与欠发达地区之外全部未涉及帮扶的地区,具体包括台州市、温州市和金华市。

差异系数与泰尔指数均是衡量区域经济差异状况的指标,数值越大则差异程度越大。图4-1汇报了1992—2021年浙江省沿海发达地区、浙中与东南地区、西南欠发达山区的人均GRP变异系数及变化①。可以发现,浙江省山海差距总体上由扩大逐渐趋向缩小,2021年各区域指标均小于1992年的同类指标。历年西南欠发达山区的变异系数值均普遍高于全省水平,发展较不平衡,而沿海发达地区、

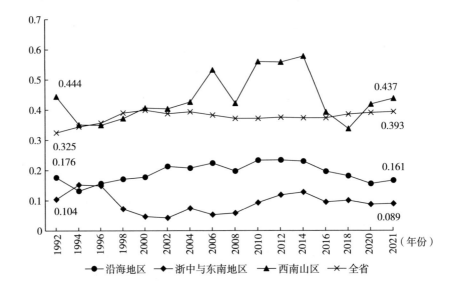

图4-1　浙江省三大区域人均 GRP 的变异系数与变化

资料来源:《中国统计年鉴》(各年度)、《浙江统计年鉴》(各年度)、国家统计局与浙江省统计局网站。

---

① 若无特殊说明,本章节的数据分析结果均是基于各年度《中国统计年鉴》与《浙江统计年鉴》而计算得出。

浙中与东南地区历年普遍低于全省水平。在发展趋势上，浙中与东南地区则呈现出先减后增再放缓的趋势，沿海发达地区与西南欠发达山区的人均 GRP 变异系数均表现出先增加后减小的趋势，沿海发达地区人均 GRP 变异系数于 2012 年增至拐点，西南欠发达山区于 2014 年增至拐点。

此外，1992 年浙江省沿海发达地区、浙中与东南地区、西南欠发达山区人均 GRP 之比为 1.88∶1.01∶1，这一指标在 2001 年攀升为 2.73∶1.67∶1。随着"山海协作工程"的开展，三大区域间的经济发展差距总体呈现下降趋势，2021 年浙江省沿海发达地区、浙中与东南地区、西南欠发达山区人均 GRP 的数值之比下降为 2.19∶1.06∶1。从浙江省三大区域的经济发展速度来看，浙江省沿海发达地区、浙中与东南地区、西南欠发达山区 1992—2021 年人均 GRP 的增速分别为 14.9%、14.8% 与 14.0%。自"山海协作工程"实施后，2001—2021 年浙江省三大区域人均 GRP 的增速分别为 11.6%、10.4%、12.8%，西南欠发达山区的经济发展速度从落后沿海发达地区 0.98 个百分点到领先沿海发达地区 1 个百分点，实现了后发赶超。本章进一步计算的泰尔指数也体现出了相同的趋势。1988—2003 年，浙江省三大区域人均 GRP 的泰尔指数由 0.0446 稳定持续增长至 0.0767。这一指标自 2004 年起呈波动下降趋势，2021 年已降低至 0.0632。

产业发展是衡量区域经济发展水平的最具代表性因素之一，产业转型升级以及产业向优势区域集中均是经济发展的客观规律①。得益于以产业梯度转移和要素合理配置为主线的区域协调发展战略，浙江省发达地区与欠发达地区的项目合作持续深化，发达地区产业不断向欠发达地区合理转移。浙江省欠发达地区在产业结构优化升级方面，取得了突出进展。1993—2021 年西南欠发达山区的衢州市和

---

① 王垚等：《产业结构、最优规模与中国城市化路径选择》，《经济学（季刊）》2017 年第 2 期。

丽水市第三产业增加值占本市经济比重的年均增长率分为 3.37% 与 3.12%，位列浙江省各设区市的第 2 位与第 3 位。值得注意的是，浙江省欠发达地区产业结构优化与产业发展提速并非完全是通过较大的资金与政策扶持而实现的外生式增长。根据上述区域指标及城市指标测算的泰尔指数均小于 0.1。2021 年，衢州市和丽水市第三产业固定资产额分别位列全省的第 9 位和第 10 位，2000—2021 年衢州市和丽水市固定资产投资额的增长率也仅为全省第 4 位和第 8 位。总体来看，浙江省产业的快速发展与集聚并未加剧发达地区与欠发达地区的区域发展差距。

综上，人均 GRP 变异系数、人均 GRP 泰尔指数、数值比例与增速、产业发展等指标的分析结果均清晰地表明，浙江省山海差距已由扩大趋向于缩小。

二 县域差距呈波动下降态势

郡县治则天下安，县域富则国家强。县域是落实新时代国民经济发展战略和政策措施的基本单元，在国民经济中发挥着举足轻重的作用①。改革开放以来，外向型经济与工业化经济为浙江省经济发展注入了原始动力，浙江省一直保持着较快的经济发展速度。浙江省1991 年第一产业增加值占 GRP 比重降至 19.1%，进入工业化中期阶段，2001 年第一、第二、第三产业结构比分别为 9.5%、51.8%、38.7%，正式进入工业化后期阶段。其间，浙江省 11 个设区市分别涌现出了一批经济实力较强的区县，如萧山、余杭、义乌等。2005年杭州市萧山区的人均地区生产总值为 6.29 万元，是温州市文成县人均地区生产总值的 11.71 倍，温州市泰顺县的 10.86 倍。作为金华市下辖的县级市，义乌的人均地区生产总值也高达 4.33 万元。

为精确刻画浙江省区域协调发展现状特征，并与上文结论相互印

---

① 年猛：《交通基础设施、经济增长与空间均等化——基于中国高速铁路的自然实验》，《财贸经济》2019 年第 8 期。

证，本章节将从地区生产总值、人均地区生产总值两个角度分析浙江省 89 个县级行政区的区域协调发展水平。表 4-1 汇报了 2005—2021 年浙江省 89 个县级行政区地区生产总值的泰尔指数。可以发现，自 2005 年起，浙江省 89 个县级行政区总 GRP 与人均 GRP 的泰尔指数均呈现出明显的波动下降趋势，仅有 2015 年、2018 等年份出现了一定的上升波动。2021 年浙江省 89 个县级行政区总 GRP 的泰尔指数下降为 0.293，人均 GRP 的泰尔指数下降为 0.137。此外，2021 年杭州市萧山区的人均地区生产总值提升至 13.371 万元，远高于全国平均水平。但其与温州市文成县人均地区生产总值的比值已由 11.71 倍下降为 4.89 倍，与温州市泰顺县人均地区生产总值的比值也由 10.86 倍下降为 4.03 倍。因此，浙江省县域差距已呈现出明显的下降趋势。

在县域经济增长率的视角下，2005—2021 年浙江省 89 个县级行政区人均地区生产总值的年均增长率均值高达 10.35%，最大值为 16.46%，最小值为 5.56%。值得注意的是，89 个县级行政区人均地区生产总值年均增长率排名前 10% 的区县分别为舟山市岱山县、宁波市奉化区、温州市泰顺县、丽水市景宁畲族自治县、丽水市松阳县、宁波市宁海县、丽水市庆元县、丽水市云和县。可以发现，浙江省西南欠发达山区的区县在其中占比高达 62.5%。这为浙江省山海差距、县域差距的缩小进一步提供了确切的佐证。

表 4-1　　　　　2005—2021 年浙江省 89 个县级行政区
地区生产总值的差异情况

指数	2005 年	2008 年	2010 年	2013 年	2015 年	2019 年	2020 年	2021 年
总 GRP 的泰尔指数	0.352	0.335	0.327	0.319	0.323	0.311	0.284	0.293
人均 GRP 的泰尔指数	0.147	0.140	0.134	0.133	0.130	0.138	0.134	0.137

资料来源：《中国统计年鉴》（各年度）、《浙江统计年鉴》（各年度）、国家统计局与浙江省统计局网站。

三　基本公共服务不均等趋势有所缓解

基本公共服务均等化是区域协调发展的基本要求和重要内涵。浙江省一直积极推动基本公共服务标准化建设。2008 年以来，浙江省率先在国内实施基本公共服务均等化行动计划，科学规划了多个浙江省基本公共服务标准体系建设方案，现行《浙江省基本公共服务标准》由 11 大领域的 95 项基本公共服务组成，数量上多于《国家基本公共服务标准（2021 年版）》15 项，同时有 13 项标准高于《国家基本公共服务标准（2021 年版）》。基于数据可获得性并结合相关政策出台时间，选取 2007—2021 年浙江省具有代表性的公共服务财政数据进行分析，可以得出 2007—2021 年浙江省人均公共服务与人均教育支出的变异系数与泰尔指数（见图 4-2）。

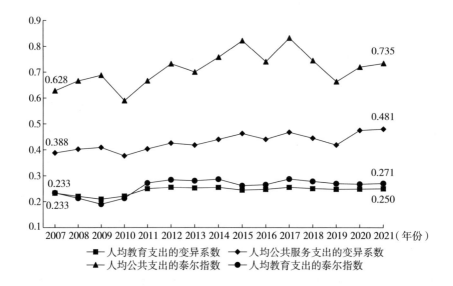

图 4-2　浙江省人均公共服务与人均教育支出的差异性变动趋势

注：为便于对比变动趋势，人均公共服务与人均教育支出的泰尔指数在图中均扩大了 10 倍。

资料来源：《中国统计年鉴》（各年度）、《浙江统计年鉴》（各年度）、国家统计局与浙江省统计局网站。

从基本公共服务的供给量上而言，浙江省基本公共服务的财政支出与人均水平呈明显上升趋势。例如，浙江省一般公共性服务支出由 2007 年的 300.3 亿元增长至 2021 年的 1105.34 亿元，年均增长率为 9.75%，浙江省教育支出由 2007 年的 337.2 亿元增长至 2021 年的 2039.98 亿元，年均增长率高达 13.72%，11 个设区市的教育支出均至少增长 4 倍以上，省内医院床位数也保持着 6% 的年均增长率。此外，浙江省的互联网基础设施建设、基础交通设施通达、数字金融普惠等方面均取得一定进展，高于全国平均水平①。

从基本公共服务的区域差异上而言，浙江省 11 个设区市在人均基本公共服务获取方面仍存在较大差别。根据图 4-2 的结果，虽然浙江省一般公共服务与教育支出具有非常客观的增量，但 2021 年人均公共服务与人均教育支出的泰尔系数和变异系数在数值上均小幅高于 2007 年的同类指标，部分年份还呈现出了一定的上升趋势。如果观察两类支出泰尔系数与变异系数的变动趋势，可以发现各系数自 2014 年和 2015 年达到峰值以来已呈现出明显的波动下降趋势。值得注意的是，浙江省沿海发达地区与西南不发达山区的人均公共服务与人均教育支出差距并不明显，最大最小值之比仅有 1.45。这一比值要小于两大区域人均 GRP 的数值之比。因此，虽然浙江省基本公共服务在区域间仍存在一定的差距，但是基本公共服务不均等的趋势已经有所缓解。

四　全方位的区域协调发展机制初步形成

21 世纪初，浙江省正式进入工业化后期的发展阶段，浙江省发展理念与发展方式也由此逐渐产生深刻变革，区域协调发展成为浙江省的工作重点。以促进区域协调发展为目标，浙江省在体制机制创新方面进行了大量探索。

---

① 郁建兴等：《共同富裕示范区建设的目标定位与路径选择——基于浙江省 11 市〈实施方案〉的文本研究》，《治理研究》2022 年第 4 期。

　　2003 年起，时任浙江省委书记的习近平同志明确提出了进一步发挥"八个方面的优势"、推进"八个方面的举措"的"八八战略"；部署启动了"发达地区加快发展，欠发达地区跨越式发展"的"山海协作工程"；正式开启了"千村示范、万村整治"工程，并在《环境保护要靠自觉自为》一文中首次辩证了"绿水青山"与"金山银山"间的关系①。

　　自此，浙江省逐步建立了以"八八战略"为总体指导的区域战略统筹与区域政策调控机制；以"绿水青山就是金山银山"理念为指引，体现全面、可持续协调发展理念的生态补偿机制；以"山海协作工程""都市圈建设"为主的区域合作与区域互助机制；以"跳出浙江发展浙江"为指导，不断推动长三角一体化的市场一体化发展与区际合作机制，以及浙江省基本公共服务均等化机制等。以 2018 年中共中央、国务院发布《关于建立更加有效的区域协调发展新机制的意见》为参考标准，上述浙江省在体制机制方面的创新已基本涉及了该意见所提出的主要区域协调发展机制。

　　面向不同发展阶段的国家战略目标与高速的经济社会发展，不断赋予了区域协调发展概念新的内涵。顺应经济社会发展需要，浙江省对于区域协调发展机制进行了进一步探索与完善，陆续开展了"山海协作工程"升级版、"共同富裕示范区"建设等体制机制方面的创新，形成了桐乡模式、奉化"推进共同富裕 12 工作法"等一批可复制可推广的推进区域协调发展方法体系。至此，浙江省已初步形成了多领域、多层次、多途径的区域协调发展机制，并且这些机制正随着浙江省经济社会发展而不断完善。

---

　　① 郭占恒：《习近平的"八八战略"思想与实践——纪念"八八战略"提出 15 周年》，《浙江学刊》2018 年第 4 期。

第二节　浙江省区域协调发展面临的主要问题

尽管近年来浙江省区域协调发展水平明显提升，区域协调发展机制不断完善，但应该认识到，浙江省区域协调发展所取得的成绩是相对于浙江省历史发展状况而言的。当前浙江省区域发展仍是一种不平衡不充分的发展，还面临着许多尚未破解的难题。总体上，当前阶段浙江省区域协调发展面临的主要问题有：山海地区绝对差距依然较大，中心城市与次级城市发展差距过大，基本公共服务不均衡现象依然突出。妥善解决上述问题，是浙江省实现城乡—区域协调发展的必然要求。

一　山海地区绝对差距仍旧较大

自"山海协作工程"实施起，浙江省系列性的区域政策显著促进了欠发达山区与发达沿海地区的交流合作，激发了欠发达山区的内生发展活力，全省区域协调发展的水平不断提高，山海地区相对差距逐渐缩小。然而，受区域禀赋与发展基础的现实制约，目前浙江省仍存在不容忽视的山海绝对差距。

人均 GRP 方面，虽然近年来浙江省三大区域人均 GRP 之比呈现出下降趋势，但是浙江省沿海发达地区与西南欠发达山区的人均 GRP 依旧具有较大的绝对差距。2021 年，浙江省沿海发达地区与西南欠发达山区人均 GRP 分别为 17.2 万元与 7.5 万元，差距明显。若按照 1991 年至 2021 年浙江省西南欠发达山区 13.9% 的人均 GRP 年均增长率计算，西南欠发达山区在 2027 年中旬才能达到沿海发达地区 2021 年 17.2 万元的人均 GRP 水平。在不考虑其他因素的情况下，若按照山海发展差距趋于缩小阶段的人均 GRP 增速计算（西南欠发达山区年均增长率为 11.9%，沿海发达地区为 1.09%），2050 年沿海发达地区与西南欠发达山区的人均 GRP 之比依旧高达 1.77。上述结果表明，当前浙江省进一步缩小山海差距的发展趋势仍不容乐观。

事实上，如果从区域经济总量的视角进行分析，浙江省山海绝对差距则体现得更为明显。在浙江省山海区域发展差距扩大至顶点的2001年，浙江省沿海发达地区、浙中与东南地区、西南欠发达山区的区域内设区市的平均 GRP 总量分别为938.5亿元，758.9亿元和153.9亿元，其比值为6.09∶4.92∶1。2021年，浙江省沿海发达地区、浙中与东南地区、西南欠发达山区的区域内设区市的平均 GRP 分别为9899.8亿元、6242.6亿元、1763.3亿元，其比值为5.61∶3.54∶1，仍存在较大的山海绝对差距。

总体而言，浙江省的山海差距已经由扩大趋向于缩小。因此，如何进一步激发欠发达地区经济发展的内生动力，优化区域要素资源配置，推动浙江省三大区域协同联动发展，从而尽快达成山海区域发展的协调状况，都是浙江省未来需要着重面对的问题与挑战。

二　中心城市与次级城市发展差距过大

产业和人口向优势区域集中是客观经济规律，但城市的单体规模绝不能无限扩张。过度的"资源虹吸效应"会降低要素配置效率，扩大城市间发展差距，导致区域内部或城市群内部出现"城市独大"的情况，不利于区域协调发展[①]。习近平总书记曾明确指出："东部等人口密集地区，要优化城市群内部空间结构，合理控制大城市规模，不能盲目'摊大饼'"[②]。

2021年，浙江省各设区市中 GRP 总量最高的设区市为杭州市，其1.81万亿元的生产总值贡献了浙江省 GRP 的24.63%，省会城市 GRP 与全省 GRP 的数值比列全国第15位。虽然与国内其他省份相比较，浙江省尚未出现"一市独大"的趋势，但杭州市与宁波市两大

---

① 魏后凯：《新型城镇化重塑城乡格局》，社会科学文献出版社2021年版，第34—39页。

② 习近平：《国家中长期经济社会发展战略若干重大问题》，《求是》2020年第21期。

中心城市的发展水平仍远高于全省的平均水平，与欠发达地区设区市的发展差距也在逐年增大，不利于进一步提高城市发展质量与区域协调发展水平。

在中心城市的经济发展水平方面，2021 年杭州市与宁波市的 GRP 共占浙江省总 GRP 的 44.48%，这一比例不仅相当于浙江省除温州市外其余 8 个设区市的 GRP 之和，还相当于丽水市或舟山市占浙江省总 GRP 比例的 19 倍。2021 年杭州市及宁波市的第三产业增加值占全省之比分别为 30.58% 与 18.02%，二者之和近乎与浙江省其余 9 个设区市的总和相等同。然而，浙江省西南欠发达山区的第三产业增加值仅占全省的 6.8%，是杭州市第三产业增加值的 22.24%，宁波市的 37.73%。在中心城市的固定资产投资方面，2017 年杭州市及宁波市的固定资产投资增加值占全省之比分别为 18.9% 与 16.1%，依旧处于全省领先水平。值得注意的是，在城市人口方面，1990—2021 年浙江省各设区市的人口规模均较为稳定，仅有中心城市杭州市的总人口占全省之比由 13.5% 增加至 16.2%，人口变动幅度大于 1%。

综上所述，杭州市与宁波市的各项经济发展指标在总量和人均上均断层式地处于浙江省各设区市的前两位，并且人口和产业的增长速度明显低于经济的增长速度。因此，中心城市与其他城市发展水平与发展质量的差距过大是浙江省区域协调发展所面临的又一大问题。如何进一步加强浙江省区域内部与区域之间各级城市的联系，提升次级城市发展质量，推动城市体系多极发展，已成为浙江省区域战略布局中急需解决的问题。

三　基本公共服务不均衡现象依然突出

经过多年的财政投入与建设，目前中国已经初步建立了覆盖全国的现代基本公共服务制度体系。因地制宜的公共服务体系建设标准也进一步增强了浙江省基本公共服务的供给水平和保障能力。虽然浙江省基本公共服务在一定程度上已呈现出均等化的趋势，但当前仍存在急需解决的两大核心问题，要实现真正意义上的基本公共服务均等化任重而道远。

首先，浙江省经济发展不平衡现象严重制约了基本公共服务均等化进程，如山海差距、城乡差距、城市间的差距等。本质上，基本公共服务是由政府主导、保障全体人民生存和发展基本需要、与经济社会发展水平相适应的公共服务，可以发挥兜底和赋能的双重作用①。经济发展水平不仅会影响地方政府对于基本公共服务类别的侧重，还会影响市场在公共服务供给中所发挥的作用。进一步地，经济发展差距也关系着基本公共服务的普及程度与保障力度。因此，由于基本公共服务是吸引人口、产业、资本等生产要素的关键驱动因素，欠发达地区较为落后的基本公共服务水平会进一步制约地方经济发展，易形成低经济发展水平与劣公共服务间的不良循环。

其次，依据户籍人口配置资源的标准会拉大"按常住人口计算的人均资源"与"按户籍人口计算的人均资源"的差距，从而导致各类公共服务资源的错配②。

总体来看，浙江省各区域与各设区市之间的基本公共服务供给并非完全由经济发展水平所决定，因此，如何合理配置基本公共服务资源，平衡经济发展差距与生产要素集聚对公共服务建设的影响，是浙江省实现公共服务均等化需要面对的问题。

第三节　浙江省促进区域协调发展的主要做法

改革开放以来，浙江省的经济社会发展水平一直处于全国前列，这使得浙江省较早地面临了不同发展阶段下区域经济社会发展的种种不协调问题。为此，自 21 世纪初，浙江省便渐进地采取多项举措

---

① 魏后凯等：《"十四五"时期中国区域发展战略与政策》，《中国工业经济》2020年第 5 期。

② 苏红键：《中国县域城镇化的基础、趋势与推进思路》，《经济学家》2021 年第5 期。

以提升区域协调发展水平。从时间次序与战略要求来看，浙江省促进区域协调发展的举措与国家区域协调发展战略阶段是充分对应的，下文将做具体介绍。

一　以"八八战略"为指导，促进浙江省区域协调发展的早期探索

21 世纪初，浙江省率先面临了经济快速发展后急需克服的新型挑战，如传统粗放型发展模式难以为继、发展不均衡所积累的社会问题等。在浙江省发展方式转型升级的关键时期，习近平同志于 2003 年浙江省委十一届四次全体（扩大）会议的报告中，总结了改革开放以来浙江省的优势及不足，分析了浙江省发展环境的深刻变化，研判了浙江省的发展机遇与挑战，明确提出了进一步发挥"八个方面的优势"、推进"八个方面的举措"的"八八战略"。自此，浙江省围绕指向未来发展的"八八战略"的总体方略，开展了相关的战略布局谋划、改革与发展举措创新、决策理念设计等重要实践。时至今日，"八八战略"依然在浙江省经济社会发展中发挥着重要的指导作用。

"八八战略"的实施，拉开了浙江省全面推进城乡区域协调发展的序幕。事实上，"八八战略"本身就是促进浙江省区域协调发展的重大布局①。从战略内容上看，"八八战略"涉及了浙江省沿海发达地区与西南欠发达地区、城市与乡村、陆地与海洋、生态与人文等各个方面的协调发展。例如，"八八战略"强调要进一步发挥浙江的城乡协调发展优势，加快推进城乡一体化；进一步发挥浙江的山海资源优势，大力发展海洋经济，推动欠发达地区跨越式发展，努力使海洋经济和欠发达地区的发展成为浙江省经济新的增长点；进一步发挥浙江的区位优势，主动接轨上海、积极参与长江三角洲地区合作与交流，不断提高对内对外开放水平。

---

①　韩保江：《论习近平新时代中国特色社会主义经济思想》，《管理世界》2018 年第
1 期。

在"八八战略"的指导下，浙江省逐渐构建了区域协调发展的战略框架与工作体系，正式开启了促进浙江省区域协调发展的早期探索。例如，浙江省率先在全国建立了公共卫生服务体系、城乡一体的最低生活保障制度、义务教育免收学杂费与课本费制度等，并逐步探索了财政转移、生态补偿、扶贫开发、山海协作、结对帮扶、科技支援等统筹区域协调发展的政策体系①。各设区市也纷纷结合当地特点开展了大量探索。这些举措不仅显著提升了浙江省全方位协调发展水平，也为推动浙江省沿海发达地区与西南欠发达地区、城市与乡村、陆地与海洋等区域的协调发展奠定了战略基础，妥善完成了由区域不平衡发展战略期到区域协调发展战略期的过渡。

二　以"山海协作工程"为抓手，推动浙江省欠发达地区发展

以"八八战略"为指导，浙江省于 2003 年正式出台了《关于全面实施"山海协作工程"的若干意见》，开始全面实施"山海协作工程"，正式开启"发达地区加快发展，欠发达地区跨越式发展"的重大工程。同年年底，时任浙江省委书记的习近平同志在"山海协作工程"情况汇报会上指出，"实施'山海协作工程'，是缩小地区差距、促进区域协调发展的有效载体，是培育新的经济增长点，不断提高我省综合实力的必然要求，是促进共同富裕、实现人民群众根本利益的重要举措"②。

"山海协作工程"发挥浙江省域八大优势，推进区域经济优化布局，不断缩小地区差距，是促进区域协调发展的有效载体，更是培

---

① 何显明：《"八八战略"与习近平新时代中国特色社会主义思想在浙江的萌发》，《浙江学刊》2018 年第 5 期。

② 《大力推进"山海协作工程" 努力实现区域协调发展》，https://zjnews. zjol. com. cn/system/2003/12/04/002175689. shtml.

育新的经济增长点、促进人民共同富裕的重要战略举措①。按照"山海协作工程"的战略构想，通过联合与协作，在欠发达地区逐步形成浙江省支柱产业的配套基地，扩散产业的协作基地，科技成果的应用基地，农副产品、新型建材、劳动力的供应基地和旅游、休闲、度假基地②。从战略内容上来看，与传统的救济式扶贫不同，"山海协作工程"是以产业梯度转移和要素合理配置为主线，通过不同形式和途径将欠发达地区的资源、劳动力、生态等优势和发达地区的资金、技术、人才等优势有机结合，从而激发欠发达地区的内生发展动力，优化区域人口和产业布局，构建一条发达地区加快发展、欠发达地区跨越式发展的协调发展道路。

"山海协作工程"的战略重点也随着浙江省经济社会发展形势的变化而不断优化升级，如一县一业、"飞地"园区、平台载体打造、财政转移、生态补偿、结对帮扶等新举措。2018 年 1 月，为进一步发挥"山海协作工程"的机制优势，促进浙西南山区与东部沿海地区的交流与合作，加快推进区域平衡协调发展，浙江省正式提出了《中共浙江省委　浙江省人民政府关于深入实施山海协作工程　促进区域协调发展的若干意见》，着力打造"山海协作工程"升级版。与原有的战略部署相比，升级版的"山海协作工程"更加注重协作方式创新，造血功能培育与创新成果转化。在"山海协作工程"的成果方面，2003—2009 年浙江省累计实施山海协作产业合作项目 4797 个，到位资金 978.64 亿元，累计组织培训劳务 22 万人次，转移输出劳务 46.18 万人次。2013—2017 年，首批 9 个省级山海协作产业园共投入开发资金 147.63 亿元，引进企业 335 家，累计总产值 247.81 亿元。2018—2020 年，浙江省省级山海协作产业园增至 27

---

① 李包庚：《从"八八战略"到"重要窗口"历史性飞跃的基本经验与意义》，《浙江工商大学学报》2021 年第 1 期。

② 《浙江省人民政府办公厅关于全面实施"山海协作工程"的若干意见》，浙江省政府办公厅，2003 年 8 月 21 日。

个，产业合作项目增至 885 个。总体来看，"山海协作工程"是浙江省欠发达地区经济发展速度实现后发赶超的关键因素。

三 以都市圈建设为突破口，推动浙江省区域高质量发展

都市圈是大都市通过扩散辐射效应与周边地区发生相互作用的产物，也是区域发展进程中的普遍规律与现象，一般出现于经济较为发达的地区①。《关于培育发展现代化都市圈的指导意见》将都市圈定义为"城市群内部以超大特大城市或辐射带动功能强的大城市为中心、以一小时通勤圈为基本范围的城镇化空间形态"。本质上，都市圈建设是为了破除行政束缚，提高区域政策的精度，从而构建要素自由流动机制，减少资源在空间上错配问题，最终推动区域协调发展②。

如上文所述，改革开放以来，浙江省中心城市独大的趋势随着经济发展水平的提高而越发凸显，中心城市的经济发展水平远远高于其他城市。虽然要素集聚与产业集中有助于中心城市的经济发展，但这种不协调的快速增长不可避免地考验着中心城市的资源承载力与就业吸纳力，逐渐引发了市场分割、落后地区城市功能萎缩、社会福利失衡等一系列问题，严重制约着浙江省区域协调发展。

为此，浙江省于 2011 年推行了《浙江省城镇体系规划（2011—2020 年）》的行动方案，在全国率先于省级统筹层面正式部署了都市圈战略布局，构建杭州、宁波、温州以及金华—义乌四个都市圈，以都市圈建设带动浙江省区域高发展质量。在结构上，四大都市圈分别以杭州、宁波、温州、金义市区为极核，以经济较发达的县市为副中心，其余周边县市为紧密层。在功能上，杭州、宁波、温州、金义都市圈分别以国际交流与电子商务、国际贸易与海洋经济、商贸信息服务、资本集散为重点，体现出了区域要素禀赋与综合发展特征，也充分考虑了浙江省长期的区域协调发展问题。《浙江省都市

---

① 王兴平：《都市区化：中国城市化的新阶段》，《城市规划汇刊》2002 年第 4 期。
② 魏后凯：《关于城市型社会的若干理论思考》，《城市发展研究》2013 年第 5 期。

圈城际铁路建设规划》《浙江省都市圈城际铁路二期建设规划》等都市圈建设体系下的相关规划也进一步加强了区域间的基础设施通达性与沟通协作水平。四大都市圈的战略部署充分考虑了浙江省各区域间与各区域内的要素禀赋、比较优势、发展特点与未来发展走向，辐射范围覆盖了除最西南山脉外的浙江省全域，为提升浙江省区域协调发展水平做出了突出贡献。

四　以共同富裕示范区为总目标，打造城乡区域协调发展引领区

步入新发展阶段，"更高质量、更有效率、更加公平、更可持续"成为区域协调发展的核心目标。鉴于浙江省在解决发展不平衡不充分问题方面的长期探索取得了明显成效，具备开展示范区建设的基础与优势，也存在一些短板与弱项，有着广阔的优化空间和发展潜力。2021年6月，发布《中共中央　国务院关于支持浙江高质量发展建设共同富裕示范区的意见》（以下简称《意见》），提出打造城乡区域协调发展引领区。这为新时代浙江省应对经济社会环境阶段性变化，进一步促进区域协调发展，提供了明确指导方案。

《意见》提出了城乡区域协调发展引领区的战略定位：坚持城乡融合、陆海统筹、山海互济，形成主体功能明显、优势互补、高质量发展的国土空间开发保护新格局，健全城乡一体、区域协调发展体制机制，加快基本公共服务均等化，率先探索实现城乡区域协调发展的路径。在推进策略方面，以创造性贯彻"八八战略"，提升经济循环效率为原则，《意见》具体指出，要"畅通城乡区域经济循环，破除制约城乡区域要素平等交换、双向流动的体制机制障碍，促进城乡一体化、区域协调发展"。

目前，浙江省各省级职能部门、各设区市、县（市、区）积极响应，陆续出台了相关的高质量建设共同富裕示范区行动计划或者实施方案，进一步明确了新发展阶段下促进浙江省区域协调发展的具体做法。

第四节　进一步促进浙江省区域协调
发展的目标与思路

以实现浙江省区域协调发展与区域共同富裕为战略导向，立足于新时代浙江省经济社会发展阶段，结合浙江省区域协调发展现状特征、主要问题与应对举措，提出进一步促进浙江省区域协调发展的五大目标：区域经济差距缩小到适度范围；基本公共服务实现适度均衡，居民生活质量较为均等；以比较优势和专业分工为基础的区域协作不断深化；区域经济发展与生态环境实现协调发展；区域协调发展与区际利益关系调整的机制不断健全。要达成上述发展目标，必须进一步明确浙江省区域协调发展的总体思路，即促进有为政府与有效市场更好地结合，从而充分发挥市场在资源配置中的决定性作用。

一　浙江省区域协调发展的主要目标

（一）区域经济差距缩小到适度范围

尊重区域经济发展的基本条件与客观规律，正确认识区域经济发展差距问题，在保持浙江省经济发展速度与经济运行水平的前提下，加快推动区域经济一体化与经济落后地区内生性增长，各区域要素配置和利用效率明显提高，沿海发达地区与西南欠发达山区、中心城市与其他城市、城市与乡村、陆地与海洋等主要区域的经济发展水平在总量和人均两个维度实现适度均衡。到 2025 年，浙江省沿海发达地区与西南欠发达山区的人均 GRP 之比下降到 2 以内；到 2035 年，浙江省沿海发达地区与西南欠发达山区的人均 GRP 之比下降到 1.5 以内。

（二）基本公共服务实现适度均衡，居民生活质量较为均等

构建科学合理的基本公共服务资源配置方式，平衡经济发展差距与生产要素集聚对基本公共服务的影响，尽快加以补齐制约浙江省人民群众生活质量的突出短板，户籍制度改革进一步深化，收入和

财富分配格局更加优化；交通设施在《浙江省都市圈城际铁路二期建设规划》的基础上进一步向四大都市圈外辐射，并不断优化升级；确保各地区居民都能够享受到均等化的基本公共服务和等值化的生活质量。

（三）以比较优势和专业分工为基础的区域协作不断深化

浙江省各区域内与区域间形成合理的分工格局，消除歧视性、隐蔽性的区域市场壁垒，人口、产业、生产要素在区域之间的配置与流动总体上符合效率原则，能够充分发挥出各区域的比较优势。不断加强"都市圈"建设，破除区域行政束缚，强化区域政策的精准程度，各区域协作程度明显提高，区域合作机制与区域互助机制进一步创新。

（四）区域经济发展与生态环境实现协调发展

深入践行"绿水青山就是金山银山"理念，生态补偿机制不断创新；尽快实现产业结构调整与转型升级，万元工业增加值的废水废气排放水平明显下降，有条件的重点行业、企业率先达到碳排放峰值；各区域国土空间开发程度与其资源环境承载能力相匹配，提高生态自我修复能力，形成更为和谐的人与自然关系。

（五）区域协调发展与区际利益关系调整的机制不断健全

全面建立政府负责、社会协同、公众参与、法治保障的区域协调治理体系与区域发展保障机制，不断完善财政转移支付制度，优化区际利益补偿机制，确保受益者付费、保护者得到合理补偿，形成区际利益关系与区域发展速度相协调的良好局面。

二　浙江省区域协调发展的思路

习近平总书记在党的二十大报告中明确提出，"促进区域协调发展，深入实施区域协调发展战略、区域重大战略、主体功能区战略、新型城镇化战略，优化重大生产力布局，构建优势互补、高质量发展的区域经济布局和国土空间体系"①。《中华人民共和国国民经济和社会发展第十四个五年规划和 2035 年远景目标纲要》开辟专章对"深入实施区域协调发展战略"做出具体安排。将区域协调发展上升为国家战略加以实施，是紧扣社会主要矛盾变化，解决区域发展不平衡，推动实现共同富裕的重要举措②。为此，要构建更高质量、更有效率、更加公平、更可持续的浙江省区域高质量协调发展新格局，应在国家战略顶层设计框架之内，以有为政府与有效市场更好结合为核心，因地制宜探索浙江省区域协调发展的适宜路径。

（一）以新发展理念为指导，推动体制机制创新

要实现浙江省区域协调发展的总体目标，需要创造有效市场的有为政府。以立足新发展阶段、贯彻"创新、协调、绿色、开放、共享"的新发展理念、构建新发展格局为战略导向，结合现阶段浙江省区域协调发展所面临的问题以及未来将面临的时代特征和国情特点，强化区域发展的地方性法规支撑，完善财政转移支付制度与生态补偿制度，进一步优化区域战略统筹、市场一体化发展、区域合作互助、区际利益补偿等区域协调发展新机制，以有为政府奠定有效市场的顶层设计与制度保障。

（二）以区域一体化为核心，促进要素自由流动

要素自由流动是建立有效市场的内在要求。区域一体化是实现区域协调发展的必要条件，区域一体化建设是破除有为政府与有效市场结合障碍的关键环节。为此，要科学构建新发展格局下浙江省区域一体化格局，明确不同区域在新发展格局的定位与发展重点，深化区域间产业合理分工，坚决破除地方行政壁垒、市场壁垒和保护主义，破除区域间生产、分配、需求、流动的内外循环发展阻碍，促使区域利益空间得以向外延伸，促进要素有序自由流动。

---

① 习近平：《高举中国特色社会主义伟大旗帜　为全面建设社会主义现代化国家而团结奋斗——在中国共产党第二十次全国代表大会上的报告》，人民出版社 2022 年版，第 26 页。

② 李海平：《区域协调发展的国家保障义务》，《中国社会科学》2022 年第 4 期。

（三）以激发市场活力为导向，提升要素配置效率

有效市场可为市场配置资源提供必要条件[①]。应加快建设统一开放、竞争有序的高标准商品与要素市场体系，进一步推动要素市场化，完善公平竞争机制，营造开放透明法治化营商环境，促进市场有序竞争，从而充分发挥市场在资源配置中的决定性作用，提高区域资源配置效率，真正实现浙江省欠发达地区经济内生性增长，以有为政府与有效市场的良好结合助力区域共同成长与区域差距缩小，达成浙江省区域协调发展的总目标。

第五节 加快实现浙江省区域协调发展的路径探讨

本章第一节至第三节系统地分析了浙江省区域协调发展的现状特征、主要问题与应对举措，并于第四节明确了浙江省区域协调发展的进一步目标与思路。本节将在上述工作的基础上，从"统筹""协同""赋能""改革""监管"五个角度，探讨加快实现浙江省区域协调发展的路径，并就每一路径提出针对性建议。

一 统筹：夯实区域建设的制度性保障

完善的制度与法律体系是区域协调发展的根本支撑。要进一步推动浙江省区域高质量协调发展，必须坚持以习近平新时代中国特色社会主义思想为指导，深入贯彻党的二十大精神，落实党中央、国务院关于浙江工作的重要指示批示精神，创造性贯彻"八八战略"，按照高质量发展要求，不断夯实区域发展的制度保障。

（一）统筹浙江省区域协调发展要做到精准施策

浙江省区域协调发展应以"山海协作工程"、"都市圈"建设等区

---

① 陈云贤：《中国特色社会主义市场经济：有为政府+有效市场》，《经济研究》2019 年第 1 期。

域协调发展战略为基础，充分识别不同地区的比较优势，把握不同区位的新机遇，立足各区域、各城市现实需求。在宏观视角下加强战略间的统筹联动，建立区域协调战略融合精准机制，健全区域政策与其他宏观调控政策联动机制，针对性地解决浙江省内区域与战略所涉及的共性问题。在微观视角下细化区域政策的基本空间单元，针对性地解决各单元面临的特性约束，发挥各单元的独特禀赋优势，从而不断提高浙江省区域协调发展政策的指向性、针对性、可操作性。

（二）统筹浙江省区域协调发展要做到法治先行

区域协调发展涉及政府与市场的协调、地方政府间的协调以及地方事权的界定划分①，而法律机制是协调利益、解决冲突、建立秩序的关键力量，能够有效激励区域利益主体参与合作与分工，保障经济活动运行效率。因此，要突破行政区划的限制，正视且兼顾各级政府的利益诉求，适时推进针对区域协调发展的地方性法规的立法工作，构建多层次、多维度区域利益主体互利共赢、共同发展的新型整体化法律治理模式，保障各方平等关系，促进浙江省区域协调发展工作的科学化与法治化。

（三）统筹浙江省区域协调发展要做到强化监管

要重视和消除区域经济发展中滥用市场支配地位、垄断协议、行政权力的不合理干预。在此过程中，政府是政策评估、监督和调整的坚实保障②。要进一步完善浙江省区域政策的工作推进和目标考核机制，实施公平竞争审查制度，清理和废除浙江省现行规章、规范性文件和其他政策措施中含有市场壁垒和保护主义的内容，不断强化事中事后监管，特别是加强对监管者本身的监督和防腐制度的建设。

---

① 周叶中、刘诗琪：《地方制度视域下区域协调发展法制框架研究》，《法学评论》2019 年第 1 期。

② 陈婉玲、陈亦雨：《区域协调发展的利益调整与法治进路》，《上海财经大学学报》2021 年第 6 期。

二　协同：建立区域联动的增长极网络

党的二十大报告明确指出，"以城市群、都市圈为依托构建大中小城市协调发展格局，推进以县城为重要载体的城镇化建设"①。理论上，经济空间是经济变量在地理空间之中或之上的运用，如果把发生支配效应的经济空间看作力场，那么位于这个力场中推进性单元就可以描述为增长极②。区域联动的增长极网络可以充分发挥集聚效应与扩散效应，在加快区域发展速度的同时，充分提升区域协调发展水平。

（一）建立浙江省区域联动的增长极网络要降低合作成本

合作成本是制约区域协同发展的核心因素。区域协同发展不仅涉及区域公共治理问题、利益补偿问题、财政配置问题，还可能关系着"晋升锦标赛"问题、行政力量差距导致的执行与代理成本等问题。因此，要进一步完善浙江省区域利益协调机制，差异化制定工作推进与目标考核的指标评估体系，建立健全更具区域普惠性的税收与财政政策，不断降低区域协同发展的合作与交易成本，切实推动浙江省区域协调发展总体目标的实现。

（二）建立浙江省区域联动的增长极网络要强化都市圈建设

都市圈是区域高质量发展的重要动力源，提升都市圈品质既有助于优化人口和经济的空间结构，又有助于激活市场投资和消费者需求，增强内生发展动力。因此，要进一步明确杭州、宁波、温州与金义都市圈的功能定位和发展导向，不断优化都市圈层面的共同规划和协调布局，加强交通、通信、社会民生等基础设施的跨区域建设，建立健全市场调节机制下的建设用地指标机制和数据中心，完善协调都市圈内部经济联系的信息共享平台和信息通报机制，充分

---

① 习近平：《高举中国特色社会主义伟大旗帜　为全面建设社会主义现代化国家而团结奋斗——在中国共产党第二十次全国代表大会上的报告》，人民出版社 2022 年版，第 32 页。

② 李仁贵：《西方区域发展理论的主要流派及其演进》，《经济评论》2005 年第 6 期。

发挥杭州、宁波、温州以及金义四大都市圈在浙江省区域经济增长中的拉动作用与极点作用。

（三）建立浙江省区域联动的增长极网络要发挥中心城市的辐射带动作用

一方面，要充分发挥中心城市的示范作用，加强城市间的内部关联，以中心城市为衔接载体，促进各级城市、城镇和乡村实现协调联动与特色化发展。另一方面，要以产业转移与产业升级为发展契机，促进产业在各级城市间合理流动、有效转移，加快形成上下游合理分工、结构有序的产业链，推动中心城市与外围次级城市的联合联动发展。

三 赋能：培育区域发展的创新驱动力

创新是激发经济发展内生动力的根本因素，创新驱动是指导区域经济社会实践和转型升级的重要原则。只有秉承创新的思路才能妥善解决区域发展不平衡、不充分的现实问题，才能不断激发市场活力和区域发展内生动力。

（一）培育区域发展的创新驱动力要打造科创平台

要进一步加强创新要素对接与流动，提高政策统筹层次，不断推动企业、高等学校、科研院所跨区域深入开展产学研合作，共建综合信息平台、创新科技平台、现代农业科技园区等示范性平台，加快技术转移与成果转换，助力传统产业的绿色化、智能化和信息化改造，提升杭州互联网、宁波新材料等浙江省核心技术攻关能力，不断优化浙江省的区域创新环境。

（二）培育区域发展的创新驱动力要发展数字经济

应顺应时代发展趋势，充分认识浙江省数字经济发展的基础与优势，既要不断促进数字技术与实体经济的深度融合，打造"互联网+"、人工智能、视觉智能等核心数字产业集群，构建具有国际竞争力的现代数字产业体系，也要积极助力浙江省欠发达地区积极融入数字经济发展新业态，充分发挥区域比较优势，不断推进浙江省欠发达地区产业数字化转型。

（三）培育区域发展的创新驱动力要集聚创新人才

应进一步深化科研管理体制改革，明确人才扶持重点，整合科技创新资源，研究制定力度更大的人才集聚政策，提高欠发达地区的人才吸引力，不断吸引人才向浙江省流动，改善劳动力技能结构与劳动力市场结构，助力浙江省欠发达地区把握后发优势。

四　改革：探索基本公共服务均等机制

基本公共服务均等化是区域协调发展的最本质要求。要进一步提升浙江省基本公共服务的均等化水平，重在不断探索基本公共服务的强化机制。

（一）转变基本公共服务的资源配置方式

要建立与常住人口挂钩并由常住地供给的浙江省基本公共服务配置机制，利用大数据、人工智能等信息化手段，创新性地建设便捷高效的公共服务平台与公共服务供给新模式，不断加强相关政务模块之间与浙江省各地区之间的连接和信息共享，从而在根源上改善基本公共服务资源配置中的错配问题。

（二）进一步深化户籍制度改革

应充分结合浙江省各设区市自身人口承载能力的实际情况，以全面放开落户限制为目标，不断强化顶层设计，以更大的力度协调推进配套改革，加快制定合理的成本分担机制，探索农村"三权"有偿退出机制，从而实现发达地区和欠发达地区在产业布局、就业岗位和人口分布的适应匹配。

（三）开展跨区域重大基础设施建设

在继续将基础设施投资作为积极财政政策落实手段的同时，要更为注重投资的结构性特征，持续加大人力资本投入，打造更具针对性、更结合人口流动实际的基础设施投资模式，补齐浙江省不同区域的基础设施短板，缓解因基础设施投资率和资本深化程度不断提升而导致的基础设施资本边际报酬递减问题。

五　监管：完善区域生态环境保护机制

区域内人与自然环境协调、和谐、可持续发展是区域协调发展的内在要求。完善的区域生态环境保护机制是促进区域协调发展的重要保障，这需要建立健全利益补偿体系，拓宽"绿水青山"向"金山银山"的转化通道。

（一）建立健全利益补偿体系

建立健全利益补偿体系是完善区域生态环境保护机制的必然要求。要进一步明确生态领域事权和支出责任的合理划分，以区域生态保护成本作为下限，以区域生态服务的外溢效益作为上限，科学建立生态利益补偿测算标准与受益地区的分摊原则，逐步构建面向创新纵向与横向相结合的财政转移支付补偿制度，并进一步完善浙江省区域生态补偿的区域协作体系、法律保障体系、资金保障体系和监管评估体系。

（二）拓宽"绿水青山"向"金山银山"的转化通道

拓宽"绿水青山"向"金山银山"的转化通道，是实现生态保护效益外部化、生态保护成本内部化的重要途径。要以政府为主导，明确森林、耕地、海域以及重点生态功能区、自然保护区等自然资源要素产权，积极探索生态环境治理与区域产业开发有效融合的路径，创新生态产品价值的实现机制，推动浙江省各类生态产品的公共资源交易平台发展，打通浙江省"绿水青山"向"金山银山"转化的薄弱环节。

第五章　推进山海协作的浙江实践

　　浙江地处中国东部，经济发达。但同时，"七山一水二分田"的自然条件，又让浙江不同地区在发展中一度拉开差距。为了应对区域发展不协调的问题，2003 年 5 月，浙江省政府决定设立"山海协作工程"工作领导小组；8 月，省政府办公厅出台《关于全面实施"山海协作工程"的若干意见》"山"即以浙西南山区和舟山海岛为主的欠发达地区，"海"即沿海发达地区和经济发达的县（市、区）。"山海协作工程"以项目合作为中心，以产业梯度转移和要素合理配置为主线，通过发达地区产业向欠发达地区合理转移、欠发达地区剩余劳动力向发达地区有序流动，从而激发欠发达地区经济活力。山海协作是浙江解决区域发展不平衡不充分问题、推进欠发达地区跨越式发展的有效举措，浙江通过山海协作加快形成了区域协调发展新格局，走出了一条互助合作、双向互动、互利共赢的促进农民农村共同富裕的新路子。本章通过回顾浙江省推进山海协作的历程，总结了山海协作的主要做法和典型模式，同时分析现阶段浙江省在推进山海协作中面临的主要问题，并进一步提出了深化山海协作的思路与建议。

第一节　浙江省推进山海协作的历程

　　"山海协作工程"是"八八战略"的重要组成部分。历届浙江省委、省政府接续推进"八八战略"在浙江落地生根、开花结果，把

"山"的特色与"海"的优势有机结合起来，推动陆海统筹、山海互济，持续深化"山海协作工程"，促进全省区域经济协调发展。2018年浙江省委、省政府部署打造"山海协作工程"升级版以来，全省累计推动山海协作产业合作项目1474个，完成投资1980亿元，有力推动了山区26县（市、区）高质量发展。

一　"山海协作工程"启动阶段（2002年4月至2003年7月）

2001年10月，浙江省委、省政府召开全省扶贫暨欠发达地区工作会议，提出要实施省内区域合作、帮助欠发达地区加快发展的战略，通过开展省内区域经济合作与交流，把省内沿海发达地区的产业转移辐射到浙西南欠发达地区，把欠发达地区的剩余劳动力转移到发达地区，并形象地将这一战略称为"山海协作工程"。2002年4月，浙江省人民政府办公厅转发了省协作办《关于实施"山海协作工程"帮助省内欠发达地区加快发展的意见》，提出要围绕2020年全省提前基本实现现代化的目标，促进沿海发达地区与浙西南欠发达地区的协调发展，共同繁荣，由此正式拉开了全省实施"山海协作工程"的序幕。2002年11月，习近平同志上任浙江省委书记后极为重视"山海协作工程"，明确了山与海的协作、山与海的握手、山与海的对接，明确了发达市县与欠发达市县的结对关系，探索了市场经济条件下结对帮扶"造血型"的省内扶贫开发新模式，开创了以互利合作为主的帮扶新理念，以此推动欠发达地区加快发展。2003年5月，浙江省委、省政府决定设立浙江省对口支援和对口帮扶的"山海协作工程"领导小组，明确发达地区与欠发达地区的65个县（市、区）结成对口协作关系。同年7月，浙江省委第十一届四次全体（扩大）会议把统筹区域发展纳入"八八战略"的总体部署，提出要进一步发挥浙江的山海资源优势，大力发展海洋经济，推动欠发达地区跨越式发展，努力使海洋经济和欠发达地区的发展成为浙江经济新的增长点。

二　"山海协作工程"实施阶段（2003 年 8 月至 2015 年 10 月）

2003 年 8 月，《浙江省人民政府办公厅关于全面实施"山海协作工程"的若干意见》正式印发，并相继出台了《浙江省山海协作专项补助（贴息）资金管理暂行办法》《山海协作工程"十一五"规划》等一系列政策文件，各有关部门按照职能分工制定相应配套政策，形成了山海协作的政策指导体系。2004 年 4 月，浙江青年山海协作行动正式启动，并设立浙江省农村青年发展基金，主要用于本省欠发达地区开展农村青年素质培训、表彰奖励等工作。2007 年 6 月，浙江省第十二次党代会报告明确把加快欠发达地区发展作为"创业富民、创新强省"总战略的重要组成部分。2009 年，浙江开始实施新一轮"山海协作工程"，明确提出把推进"山海协作工程"和实施包含"基本公共服务均等化行动计划"和"低收入群众增收行动计划"在内的"全面小康六大行动计划"结合起来，着力在基本公共服务和低收入群体增收两个方面加快推进欠发达地区跨越式发展。2012 年 8 月，浙江省委办公厅、省政府办公厅印发了《关于推进山海协作产业园建设的意见》，积极引导经济强县制度、产业、科技、服务、人才等创新要素向加快发展县梯度转移，全省首批 9 个省级山海协作产业园建设正式拉开了帷幕。

三　"山海协作工程"深化阶段（2015 年 11 月至 2017 年 5 月）

2015 年 11 月，浙江省委第十三届八次全会通过了《关于制定浙江省国民经济和社会发展第十三个五年规划的建议》，提出了"深入实施山海协作工程，丰富协作内涵，完善协作平台，创新协作机制，实施产业平台建设、绿色经济发展、群众增收共享、人才智力合作和浙商助推发展等行动计划，打造山海协作工程升级版"。同年 12 月，浙江省政府办公厅印发了《关于进一步深化山海协作工程的实施意见》，进一步明确了"十三五"时期"山海协作工程"的实现目标和重点任务，通过调整结对关系、落实援建资金、引导浙商参与、规范制度运作等方式，增强山区 26 县①生态经济"造血"功能和自我发展能力，推动山区 26 县与经济强县同步实现全面小康。

表 5-1 "山海协作工程"关于发达地区与欠发达地区的结对关系

区市结对关系	衢州、丽水所辖县（市、区）与经济强县结对关系	市内结对县（市、区）关系
衢州市—杭州市、绍兴市；丽水市—宁波市、湖州市、嘉兴市；温州市、金华市、舟山市、台州市不参加市级结对	衢州市柯城区—杭州市余杭区；衢州市衢江区—宁波市鄞州区；龙游县—宁波市镇海区；江山市—绍兴市柯桥区；常山县—慈溪市；开化县—桐乡市	淳安县—杭州市西湖区
		永嘉县—温州市瓯海区；平阳县—乐清市；苍南县—温州市龙湾区；文成县—瑞安市；泰顺县—温州市鹿城区
	丽水市莲都区—义乌市；龙泉市—杭州市萧山区；青田县—平湖市、嵊州市；云和县—宁波市北仑区、海宁市；庆元县—长兴县、嘉善县；缙云县—杭州市富阳区、德清县；遂昌县—诸暨市；松阳县—余姚市；景宁县—海盐县、绍兴市上虞区	武义县—永康市；磐安县—东阳市
		天台县—台州市路桥区；仙居县—玉环县；三门县—温岭市

资料来源：笔者根据《关于进一步深化山海协作工程的实施意见》整理。

四 "山海协作工程"提升阶段（2017 年 6 月至今）

2017 年浙江省第十四次党代会再一次提出，充分发挥山海并利优势，着力打造"山海协作工程"升级版，进一步拓展协作内涵、完善协作平台、深化协作机制，支持"飞地"经济发展，不断增强

---

① 截至 2021 年 9 月，浙江省山区 26 县分别是：淳安县、永嘉县、平阳县、苍南县、文成县、泰顺县、武义县、磐安县、柯城区、衢江区、江山市、常山县、开化县、龙游县、三门县、天台县、仙居县、莲都区、龙泉市、青田县、云和县、庆元县、缙云县、遂昌县、松阳县、景宁畲族自治县。

山区和革命老区自我发展能力。2018 年年初，浙江省委、省政府出台《关于深入实施山海协作工程促进区域协调发展的若干意见》，以适应新时代中国社会主要矛盾变化，解决浙江省发展不平衡不充分问题，推进"两个高水平"建设、保持高质量发展走在前列，通过打造山海协作升级版，进一步发挥"山海协作工程"的机制优势，促进浙江西南山区与东部沿海地区的交流与合作，实现更高质量的区域协调发展。

第二节 浙江省推进山海协作的主要做法

山海协作是一个系统工程，涉及政府、市场和社会三大主体，涉及经济发展、社会进步、群众增收等众多领域，需要依托一系列的制度设计，明确谁来协作、协作什么、如何协作。浙江省委、省政府聚焦受援地所需、支援地所能，持续完善山海协作帮扶体系、健全山海协作激励机制、丰富山海协作平台、拓展山海协作领域，不断增强"山海协作工程"的针对性和有效性，促进资源要素双向流动、山海联动统筹发展。

一 构建"多层次"实施主体，发挥政府推动和市场主导作用

区域协调发展既要有政府的推动，又要发挥市场的主导作用。一方面，区域发展需要注重发挥政府的推动作用。缪尔达尔的理论认为，在市场机制的作用下，发达地区在发展过程中会不断积累对自己有利的要素条件，而落后地区则会不断流失自身的发展要素，没有政府的干预，区域间的发展差异可能会不断增加，从而导致不平等的加剧。因此，只依靠市场的力量无法减少地区间的不平等，需要借助政府的力量，才能消除区域间的不平等发展现象。另一方面，区域协调发展必须发挥市场的主导作用。对多个国家的产业兴衰过

程研究发现，若是政府过多介入本国的产业发展，那么本国的产业
很大程度上都无法在国际上获得竞争力，这一结论同样适用于国家
内部区域的协调发展，如果政府过度地干预到区域发展过程中，会
导致欠发达地区过度依赖于政府的优惠政策与扶持，从而缺乏内生
发展动力，无法在激烈的市场竞争中形成自身的相对优势和发展动
能①。因此，只依靠政府的推动，以行政手段投入大量资源来提升欠
发达地区的发展水平只能在短期内取得成效，必须发挥市场的主导
作用，依靠市场优化资源配置，形成自身长期发展动力。"山海协作
工程"作为区域协调发展的成功模式，既注重发挥了政府的推动作
用，又充分发挥了市场的主导作用，特别是合理划分了政府和市场
的边界。政府的主要职责在于制定"山海协作工程"的总体发展规
划；加大对基础设施的投入，加快基本公共服务均等化步伐；综合
利用财政政策、信贷政策和土地政策等降低企业交易成本及生产成
本；构建激励机制，保障市场有序发挥资源配置的作用。市场端的
企业职能则是充分按照市场经济规律来优化关键生产要素资源的配
置效率，促进产业结构升级，提升产业竞争力，实现经济和社会效
益的双丰收。

　　浙江省在推进"山海协作工程"的实践中，首先确定了谁来统
筹协作、协作双方是谁、各自的职能定位是什么，逐渐形成了三个
层面的实施主体。首先，在宏观省级层面，成立省级统筹机构。浙
江省政府成立了山海协作领导小组，下设有山海协作办公室，负责
日常工作，包括提出山海协作的总体规划和预期目标、制订中期考
核方案和年度工作计划、明确对接关系和重点任务、实施奖励政策
和监督等。其次，在中观市县层面，建立市县两级对口协作关系。
2002 年，浙江省政府在实施"山海协作工程"之初，就对发达地区
和欠发达地区的对口协作关系进行安排，之后，2015 年又按照互补

---

　　① ［美］迈克尔·波特：《国家竞争优势》，李明轩、邱如美译，华夏出版社 2002 年
版，第 4 页。

性和关联性相结合的原则重新调整完善山海协作结对帮扶关系，杭州市、绍兴市与衢州市结对，宁波市、嘉兴市、湖州市与丽水市结对，省内 50 个经济强县结对帮扶山区 26 县，推动资源共享、优势互补、合作共赢。最后，在微观企业和社会层面，发动企业和社会力量积极参与山海协作。浙江作为改革开放先行地，民营经济发达，市场活力强，注重用市场化的手段和方式推动山海协作①，按照"政府为主导、市场为主体"的原则，定期组织发达地区的企业到欠发达地区考察、调研、投资，积极鼓励省内外浙商参与到"山海协作工程"中。

浙江省针对"山海协作工程"中不同类型的实施主体，构建了多样性的激励机制。比如针对"山海协作工程"中结对合作的双方政府的激励机制。在政治上，制定目标责任制和分类分档的考核制度，对市、县（市、区）"山海协作工程"情况进行考核，考核结果作为党政领导班子和领导干部实绩考核评价的重要内容②。

二　打造"平台型"协作载体，实现优势互补和互利共赢

区域协调发展是指区域合作发展，合作的两头分别是先富地区和后富地区，合作的目的是先富带动后富，推动后富地区跨越式发展，关键是要帮助后富地区培育"造血"功能。区域协调发展的初级形式是单方面的援助，靠政治责任这一外在动力，浙江"山海协作工程"最初也经历了这样一个过程。然而，这种扶贫式的协作并没有持续的内生动力，无法满足"造血"的需要。习近平总书记提出"优势互补、互惠互利、合作共赢、共同发展"的基本原则，是区域协调发展的内在动力，也是推动"山海协作工程"不断升级的总体思路。坚持优势互补和互利共赢，关键在于充分挖掘双方的比

---

① 应少栩：《浙江省"山海协作"推动共同富裕的逻辑脉络与经验启示》，《理论观察》2022 年第 3 期。

② 中共浙江省委党校主编：《共同富裕看浙江》，浙江人民出版社 2021 年版，第 261 页。

较优势，做好互利共赢的制度安排，实现产业链层面、产业平台层面乃至全方位的深度合作。先富地区利用资金、技术、人才等相对优势，与后富地区的资源、生态、人文等相对优势进行结合，实现产业链层面的合作共赢。先富地区较多地承担研发、销售和服务等环节，而后富地区则主要承担生产制造环节；先富地区较多地承担资本运作和资源整合环节，后富地区则主要承担资源开发和利用环节。

平台是"山海协作工程"的空间载体，是实现产业集约化、规范化、规模化、特色化发展的重要保证。为实现产业合作由零散向集聚型转变，推动后富地区高质量发展，针对山区县具体情况，浙江省通过探索和创新，构建结对合作双方政府共建机制，形成了三种不同类型的发展平台。一是山海协作产业园。2012 年 8 月，浙江省委、省政府下发《关于推进山海协作产业园建设的意见》，在衢州、丽水启动了首批 9 个省级山海协作产业园建设。发达地区的 9 个县（市、区）与衢州、丽水的 9 个县（市、区）结对，在欠发达地区的 9 个开发区（或工业园区）各划出 5000—7000 平方米的土地作为山海协作产业园，由双方按一定比例出资，共同制定园区产业发展规划、开发建设和招商引资，园区新增税收的地方留成部分由结对双方共享。浙江省持续推进山海协作产业园提质增效，对适合发展工业的山区县，以建设科技化、信息化、集约化、生态化产业园为目标，围绕主导产业，加快上下游关联产业引进，培育生态型现代产业集群。二是生态旅游文化产业园。2015 年，在总结首批 9 个省级山海协作产业园建设的基础上，按照绿色发展的理念，浙江省启动了山海协作生态旅游文化产业园建设，以欠发达地区为建设平台，依托自然生态资源和历史人文资源，以生态旅游文化产业为方向实现合作建设。对重点生态功能区、源头地区等不适合发展工业的山区县，按照"共抓大保护，不搞大开发"的要求，发挥当地生态人文优势，培育省级旅游风情小镇、休闲旅游示范区、最美生态旅游线路和生态旅游项目。截至 2020 年，浙江建成省级山海协作生态旅游文化产业园 18 个。三是"飞地园区"。按照创新发展的理念，以发达地区为建设平台，浙江省还启动了山海协作"飞地园区"建设，由欠发达地区提供土地指标、发达地区提供空间，建立"创新飞地""产业飞地""消薄飞地"，实现结对合作市、县"飞地经济"全覆盖，推动欠发达地区实现异地聚才、借力创新和开放发展。为破解后富地区高端要素缺乏、创新能力不足、发展空间受限、市场渠道不畅等难题，在结对合作的发达地区建设"飞地园区"、特色街区，实现企业研发在都市、生产基地在山区，土地指标后富地区提供、产业空间在先富地区，特色农产品及民间手工艺品生产在山区、销售在沿海地区。

搭建"山海协作"产业合作平台的模式，更好地实现了"山"和"海"的优势互补，合作共赢，更好地激发了合作双方的积极性，协作发展的力度得到进一步加强，产业集聚化、集群化和高端化发展趋势明显。2013—2017 年，浙江首批 9 个省级"山海协作"产业园共投入开发资金 147.6 亿元，引进企业 335 家，企业投入到位资金 411.2 亿元①。2018—2020 年，浙江省 27 个省级山海协作产业园（生态旅游文化产业园）实施产业合作项目 885 个。截至 2020 年，"创新飞地"的样板衢州海创园，一期已入驻企业 37 家，其中数字经济类企业 20 家；"产业飞地"的样板金磐扶贫经济开发区在"十三五"时期以来累计上缴税收 30 亿元，占全县财政收入的 1/3 以上②。

三　布局"精准性"重点领域，深化经济和社会领域合作

区域发展的差异首先表现为经济发展的差距，区域协调发展首先

①　笔者根据浙江省发展改革委《关于公开征求深入实施山海协作工程促进区域协调发展的若干意见（征求意见稿）》附件 3 整理所得。
②　李中文、窦海洋：《浙江金磐扶贫经济开发区——山海协作　互利共赢》，《人民日报》2021 年 1 月 8 日第 1 版。

是经济领域的协调发展，要牢牢把握住经济发展这一核心，不断深入地区间的经济合作。此外，要实现区域发展和共同富裕的目标，在缩小经济发展差距的同时，还要缩小教育、医疗、文化、科技和人才等社会领域的差距。如果只重视地区间经济领域的合作，忽视地区间社会领域的协调发展，结果往往是既没有如愿缩小区域之间的发展水平差距，也忽视了区域间福利的共同增进，最终导致不同地区不仅出现巨大的经济发展落差，而且出现了国民基本福利水准上的巨大落差①。

随着"山海协作工程"的深入推进和发展，山海协作的具体内容也在随之变化，从以往以经济协作为主的单一模式逐渐转向经济、社会、生态、文化、群众增收等多领域、全方位的协作。明确"山海协作工程"的重点领域、关键环节，有利于更好地发挥"山"与"海"的优势。首先，"山海协作工程"持续强化经济领域的协作。按照经济高质量发展的要求，引导发达地区发挥先进理念与援建资金作用，重点推动特色生态工业，积极发展休闲农业、生态农业和民宿经济，加快推进乡村振兴示范点建设；聚焦产业共兴、项目共引，每年推进一大批山海协作产业项目在山区 26 县落地建设，促进山区资源价值向产业价值转化。其次，"山海协作工程"不断强化社会领域的协作。习近平同志在浙江工作期间，多次强调基本公共服务资源的重要性，提出在加强经济协作的同时，着力抓好新农村建设和教育、科技、文化、卫生、人才等社会领域的合作，积极推进欠发达地区的社会建设②。浙江省始终将公共服务和社会事业建设作为"山海协作工程"的重点工作，聚焦公共服务优质共享，强化"双下沉、两提升"③ 政策，助推优质医疗资源共享和优秀医疗人才

---

① 徐康宁：《区域协调发展的新内涵与新思路》，《江海学刊》2014 年第 2 期。

② 《习近平在全省"山海协作"工程会议上强调　不断推动山海协作再上新台阶》，http://zjrb.zjol.com.cn/html/2006-12/28/content_36625.htm。

③ "双下沉、两提升"：城市优质医疗资源下沉和医务人员下基层、提升县域医疗卫生机构服务能力和群众就医满意度。

下基层服务，提升欠发达地区医疗水平；通过校际合作、优秀教师送教、联合办学、远程教育等形式，助推城市优质教育资源共享，提升欠发达地区教育水平。浙江大学衢州研究院、浙江大学丽水医院、遂昌县试点全国首创、浙江唯一的医疗卫生人才"省属县用"、强化省市大医院与县级医院、基层医疗卫生机构的合作等一些具体举措和政策的出台和实施，山区 26 县的基本公共服务水平显著提高。最后，"山海协作工程"促进山区群众持续增收。按照浙江省西南山区群众增收能力显著提升的要求，重点引导山区劳动力通过培训有序向沿海大城市转移，加强大学生创业园、文化创意中心等创业基地协作；聚焦"强村富民"，消除山区村集体经济薄弱村，建立消费帮扶机制，促进低收入农户增收致富。通过"山海协作百村经济发展促进计划"和"深化百村结对计划"的实施、"消薄飞地"乡村振兴示范点的建设等，浙江省内和沿海发达地区为山区 26 县援建了众多村集体经济增收和村民致富的产业项目和基础设施，在农家乐、民宿产业、文旅产业等生态产业发展上，贡献了诸多资金、技术、人才和市场，也主动积极引导企业到山区投资兴业，发展生态农业、生态工业和文旅产业。截至 2020 年，浙江省西南山区市县通过山海协作累计获得援助资金近百亿元，乡村振兴示范点 26 县全覆盖，30 个"消薄飞地"建设带动 2500 多个集体经济薄弱村"消薄"①。"山海协作工程"帮助山区群众实现了增收致富，为共同富裕打下坚实的基础。以浙江省内发展水平最低的丽水市为例，丽水市农村居民人均可支配收入从 2000 年的 2227 元增加到 2021 年的 26386 元，城镇居民人均可支配收入从 2000 年的 7960 元增加到 2021 年的 53259 元；发展水平最高的杭州市农村居民人均可支配收入从 2000 年的 4496 元增加到 2021 年的 42692 元，城镇居民人均可支配收入从 2000 年的 9668 元增加到 2021 年的 74700 元。杭州和丽

_____

① 王世琪、甘凌峰：《山海携手，闯出协调发展新空间》，《浙江日报》2020 年 11 月 11 日第 3 版。

水两市农村居民人均可支配收入的差距从 2.14 倍降低到 1.62 倍，杭州、丽水两市的城乡居民收入比均呈现下降趋势。

表 5-2　　　　2000—2021 年杭州市和丽水市人均 GDP 及

城乡居民收入水平变化情况　　　（单位：元）

	农村居民人均可支配收入		城镇居民人均可支配收入	
	杭州	丽水	杭州	丽水
2000 年	4496	2227	9668	7960
2005 年	7655	3572	16601	12846
2010 年	13186	6537	29139	21093
2015 年	25719	15000	48316	32875
2021 年	42692	26386	74700	53259

资料来源：笔者根据各年度《浙江统计年鉴》数据整理。

第三节　浙江省推进山海协作的典型模式

从 2002 年实施"山海协作工程"以来，随着发展阶段的演进、外部经济环境的变化、目标要求的不断升级，浙江省持续探索和创新山海协作的模式。加快缩小浙江山区 26 县与其他县域的差距，其关键在于完善省域统筹机制，推动区域之间资源要素自由流动、高效配置，挖掘区域发展特色优势，加快实现省域一体化高质量发展[①]。具体来看，就是通过念好新时代"山海经"，拓展迭代山海协作的方式、载体和内涵，以精准帮扶、联动发展、"飞地"经济、民生共享等典型模式推动山区 26 县跨越式高质量发展。

———————

① 何玲玲等：《高质量发展建设共同富裕示范区——访浙江省委书记袁家军》，《政策瞭望》2021 年第 6 期。

一　因地制宜，一对一精准援助与帮扶的模式

在"山海协作工程"推动下，越来越多的浙江经济强县的产业、科技、资金、人才等要素资源向加快发展县梯度转移，精准帮扶和助推浙江山区 26 个加快发展县实现跨越式高质量发展。典型的帮扶模式有衢江—鄞州的农特产品消费帮扶模式、三门—温岭的援建乡村振兴示范点模式等。

（一）衢江—鄞州的农特产品消费帮扶模式

衢州市衢江区与宁波市鄞州区在"山海协作工程"中建立结对关系。鄞州区政府通过构建集"平台展销+日常消费+全民慈善"于一体的农特产品消费帮扶综合体，打破空间、信息等要素制约，推动"衢货入甬"，打造出"山海协作工程"中精准帮扶的特色模式①。

第一，依托平台"展销"。一是深化衢鄞两地农产品消费帮扶合作模式，每年在鄞州区举办衢鄞"扶贫日"暨山海协作消费帮扶主题活动，组织鄞州企业与衢江农特产品公司签订消费帮扶采购协议，销售衢江区农特产品。二是在鄞州区百丈街道设立职工节假日福利消费帮扶展厅，发动鄞州区职工在此采购衢江区农特产品。三是在鄞州区打造出全国首个消费扶贫综合体——山丘市集民俗风情街区，扩大衢江生态优质农产品销售规模。四是以山丘市集及衢江山农门店为基地，推进衢江农特产品进入宁波三江超市 50 多个连锁店，拓宽衢江区农产品销售渠道。

第二，发展企业"营销"。鄞州区成立衢江—鄞州上市企业协作联盟，吸纳鄞州 12 家、衢江 5 家已上市或拟上市企业成为联盟会员，遵循政府引导、企业参与、双方自愿、互利互惠原则，组织联盟成员到衢江考察，增强对衢江区农特产品的认可度，推动"衢货入

---

① 资料来源：浙江省发展和改革委员会官网，https://fzggw.zj.gov.cn/art/2021/6/4/art_16210 10_58929640.html。

甬";认定鄞州区 26 家企业作为线下消费帮扶企业,展销衢江区农特产品,促成宁波绿茵市政园林股份有限公司与黄坛口乡紫薇村、鄞州斐戈集团股份有限公司与横路办事处毛家村进行村企结对。

第三,动员社会"直销"。鄞州区制定出台消费扶贫相关扶持政策,对采购衢江、和龙、延吉等对口帮扶地区农特产品助农增收的企业、团体或个人给予一定奖励;动员南部商务区内国家广告产业园内的专业机构与村经济合作社合作,发展"农户+专业合作社+电商平台+消费者"的农村电子商务模式,进一步拉长特色农产品产业链,提高产品附加值;帮助牵线搭桥,促成社交电商机构中科同创网络科技有限公司与衢州本地农产品电商公司合作,签订了供应链合同,将衢江特色农产品推向更广的市场。

(二)三门—温岭的援建乡村振兴示范点模式

台州市三门县与温岭市是"山海协作工程"中的结对帮扶伙伴。三门县积极发挥温岭的先进理念和援建资金作用,加快推进乡村振兴示范点标志性援建项目[①]。

第一,突出"规划引领",高标准绘制乡村蓝图。一是制作村情图。帮扶组统筹兼顾乡镇、村庄的区位、资源、产业、地域文化以及村民需要等要素,对岙楼、大横渡等示范点制作一张村情图,高标准地构建特色鲜明、空间布局优化、功能定位合理的乡村振兴规划体系。二是召开研讨会。召集村"两委"干部、有关部门负责人以及部分村民代表交流探讨发展思路。三是成立推进组。指导有关乡镇成立乡村振兴工作专班,严格按照时间节点要求,扎实开展重点项目的推进。

第二,突出"产业富民",高质量发展特色产业。一是提升民宿发展水平。紧盯岙楼村民宿经济的产业主攻方向,带领村"两委"干部和村民代表"走出去",到温岭石塘镇等民宿经济较为成熟的乡

---

① 资料来源:浙江省发展和改革委员会官网,https://fzggw.zj.gov.cn/art/2020/7/9/art_16210 10_50162834.html。

镇开展民宿运营考察，开阔眼界。二是拓宽旅游发展思路。三门县发改局会同农业农村局等部门对村内部分集体土地进行整治，开展农业观光旅游，深入挖掘红色旅游资源，开发红色拓展训练基地项目，吸引投资500余万元。三是完善配套基础设施。针对呑楼村集体资金不足，村内基础设施不完善的问题，持续追加资金投入，做好坑下区块的村庄亮化工程。

第三，突出"人才强村"，高水平推进人才培育。一是创新方式"训"。着力规范民宿经营行为，联合县农业农村局、县人社局举办两期美丽乡村民宿经营基础知识培训班，有效提升了民宿的服务理念和服务技能。二是细化标准"考"。着力培育乡村振兴"土专家"，组织三门县农村实用人才赴温岭市参加"山海协作"技能培训班，培训工种涵盖水产养殖、中式烹饪、导游讲解等，建立乡村振兴人才储备库。三是培树典型"带"。重点培育乡村振兴"引路人"，指导和扶持致富能手、种养大户和专业合作社负责人提高经营水平、扩大经营规模，通过"能人引领、全村带动"的模式，带动更多村民就业，增收致富，开创新农村建设新局面。

二 优势互补，产业联动发展与共富的模式

"山海协作工程"的结对合作双方围绕各自优势资源，积极组织互访交流，找准产业合作的切入点、契合点，通过联动发展，实现协作共赢。秉承"优势互补，互利共赢"的原则，浙江省积极引导经济发达地区的优势产业赴对口地区开展投资兴业，参与多种形式产业交流合作，逐渐形成资源共享、共同发展的新格局。

（一）武义—海宁的农业产业共富模式

金华市武义县作为山区26县之一与海宁市跨山"联姻"，通过优势互补、要素互融，不断迭代升级山海协作内涵，打造山海协作农业产业共富模式，将武义优质宣莲引进海宁，规模化种植、专业

化管理、产业化销售，全力构建两地农业产业共建共富"新航道"①。

第一，"武莲海种"打造山海协作新样本。与乡村振兴示范点柳城镇车门村签订合作协议，在海宁市海昌街道双山村选取 100 亩荷塘作为试点，逐步扩大种植范围。通过武义方提供"种子+技术"、海宁方提供"土地+管理"的合作模式，推动武义宣莲产业化发展。

第二，"武花海开"描绘乡村振兴新愿景。宣莲是武义名贵特产，属于中国三大名莲，两地从 1000 多个宣莲品种中，精选 17 种优质且适宜在海宁生长的宣莲，超 2 万株宣莲苗种播种在双山村，由海宁市海昌街道长水农旅开发有限公司提供日常管理，车门村经济合作社提供技术指导，打造海宁版"十里荷塘"，每年大量莲花已经绽放在海宁，成为海宁周边自驾游新景点。

第三，"武货海卖"谱写共同富裕新篇章。水果莲具有很高的食用价值，海宁将统一采购莲蓬，并积极向周边市场推荐，积极宣介武义宣莲。同时开通山海协作供销直通车，采用农产品产地直供形式，将武义高山蔬菜直达海宁，在农批市场直销点销售。

（二）柯城—余杭的产业链共育共兴模式

实施山海协作，推进产业对接，是推动结对地区实现跨越式高质量发展的重要抓手。杭州市余杭区携手衢州市柯城区，建立协同招商机制，创新产业链对接模式，聚焦聚力产业合作，重点打造产业链共育共兴的山海协作模式②。

第一，制定一个"总体方案"。双方签订《全力打造柯城余杭山海协作升级版行动方案》，以打造"升级版"、创建"示范区"、构筑"新飞地"、促进"大协同"为总体要求，重点打造新兴产业平台、培育产业经济系统、加大美丽经济幸福产业协作力度、开展产学研等领域合作，明确各项工作任务及具体责任清单，切实有效推

---

① 资料来源：浙江省发展和改革委员会官网，https：//fzggw. zj. gov. cn/art/2021/8/12/art_16210 10_58930214. html.

② 资料来源：浙江省发展和改革委员会官网，https：//fzggw. zj. gov. cn/art/2018/8/16/art_16210 10_30313845. html.

动两地深度融合，共同发展。

第二，成立一个"促进中心"。围绕新材料、智能制造、文化时尚、数字经济等产业，成立柯城区生产力促进中心。该中心建立全过程、精准化、专业化服务体系，营造最优营商环境；中心还将吸纳高校院所专家、行业协会、风险投资机构和优质企业代表，充分发挥专家企业家智库作用，瞄准高精强项目，推进项目精准招商，开展项目跟踪研判，促进项目落地转化。

第三，引进一个"运营团队"。衢州市柯城区与浙江清华长三角研究院杭州分院签订战略合作协议，共同发起成立山海协作产业引导基金，支撑山海协作企业加速资本化步伐。同时，柯城区与浙江清华长三角研究院杭州分院下属清创和梓创投公司正式签约，在位于杭州未来科技城的柯城科创园内共建 PRE-IPO 产业园。

第四，推动一批"合作项目"。余杭区充分发挥时尚小镇服装产业技术、研发、品牌等优势，利用柯城区航埠低碳小镇在资源空间、劳动力成本、产业配套等方面优势，谋划推动一批产业项目合作，形成"产业研发在余杭，加工生产在柯城"的优势互补、融合发展、互利共赢的良好合作格局。

通过以上四大举措，两地通过战略协同、产业共兴来推动大协作、共建大产业、做好大服务，开启具有柯城与余杭特色的山海协作新模式。

三　扩展空间，利用"飞地"共建发展平台的模式

"飞地"经济是统筹区域协调，推动高质量发展建设共同富裕示范区的有力抓手。步入"十四五"时期，党中央、国务院赋予浙江高质量发展建设共同富裕示范区的光荣使命，并通过构建《支持山区 26 县跨越式高质量发展意见》《浙江省产业链山海协作行动计划》等政策体系，全面深化了"飞地"经济的方向和举措，并结合产业转移、脱贫攻坚、生态保护等实际需求，推动"飞地"经济不断迭

代升级。

（一）青田—平湖的跨县市建设"消薄飞地"产业园模式

"飞地消薄"是指由集体经济薄弱村集中资金、土地等资源配置到结对发达地区，依托成熟的开发区、园区，联合建设可持续发展项目并取得固定收益。平湖与青田共建的山海协作"飞地"产业园是浙江省首个跨市域以山海协作"飞地"经济模式消除集体经济薄弱村的项目，这标志着山海协作"飞地"经济模式取得了新的突破①。

该"飞地"产业园项目位于平湖经济技术开发区德国产业园区，遵循"政府引导、市场运作、优势互补、合作共赢"的基本原则，由平湖通过挂牌出让方式将"飞地"产业园用地出让给青田县农村集体经济联合发展公司负责建设，招商以平湖为主，双方共同负责。产业园内将建设科创中心、科技孵化器、众创空间等平台，重点引进符合平湖产业发展规划的农业高科技企业和省八大万亿产业。平湖与青田共建的"飞地"产业园项目建成后，前五年按投资总额的10%作为投资固定收益，参建村总收益年均1950万元，参建每村增加12.5万元/年；后五年按租金加税收地方所得部分50%奖补给青田县强村联合投资发展有限公司，以此壮大青田薄弱村集体经济。同时，青田调剂一定的土地指标给平湖，以此达到青田壮大薄弱村集体经济、平湖补上用地指标短板的双赢局面，为两地的经济社会发展开拓出互惠互利的合作新机制和新模式。平湖与青田两地的山海协作"飞地消薄"经济发展模式，为山区26县消除集体经济薄弱村提供了新的路径。

（二）开化—桐乡的"一园多点"开启"生态飞地"共建模式

为了进一步放大区域优势，浙江省在山海协作产业园的基础上，充分结合浙西南山区生态资源禀赋，围绕"大旅游、大健康"发展

---

① 资料来源：浙江省发展和改革委员会官网，https：//fzggw.zj.gov.cn/art/2018/4/12/art_16210 10_30313819.html.

理念，打造了山海协作生态旅游文化产业园，发展"生态型飞地"
经济模式，为山区生态功能县增加税收收益。衢州市开化县和桐乡
市是浙江省非工业山海协作园区中最早探索生态旅游文化产业项目
的园区①，该生态旅游文化产业园由开化县人民政府和桐乡市人民政
府于 2015 年 3 月合作共建，按照"一园多点"的旅游发展模式分期
合作开发建设。

其中，"一园"核心区块紧邻开化根宫佛国 5A 级景区，东起 205
国道、南至城华线、西至八面山、北至桃溪村，规划面积 2.61 平方
千米，主要包括开化县公共文化广场、山海协作园文化休闲街、山
海协作园精品度假酒店等建设项目，其中公共文化广场项目将建设
包括文化馆、城市展览馆、博物馆、图书馆、档案馆、青少年宫 6 个
场馆，概算总投资约 4.87 亿元；"多点"项目主要包括大黄山茶博
园项目、音坑乡下淤村景区综合改造提升工程、何田清水鱼群众增
收项目、商贸城文化旅游市场改造提升工程等。开化和桐乡两地通
过山海协作互换资源，把开化的优良生态环境优势和桐乡的产业发
展优势结合，携手发掘生态优势。

（三）衢州—杭州：共建衢州海创园推动"科创飞地"新模式

人才、技术等创新要素对城市功能和创新生态有天然偏好，往往
扎堆集聚在经济发达的大城市，不愿意落户欠发达地区。浙江在
"山海协作工程"中进行了大量的探索和实践，创新推出了"科创飞
地"协作模式，即在省级层面和发达地区的支持下，由欠发达地区
主动出击、借船出海，到经济发达、创新资源集聚的地区建设
飞地②。

衢州海创园位于杭州未来科技城，是浙江省委、省政府实施
"山海协作工程"背景下的全省首个"创新飞地"，首创了"研发孵

---

① 资料来源：浙江省发展和改革委员会官网，https：//fzggw. zj. gov. cn/art/2018/4/
2/art_16210 10_30313817. html.

② 资料来源：浙江省发展和改革委员会官网，https：//fzggw. zj. gov. cn/art/2018/9/
11/art_16210 10_30313847. html.

化在杭州、产业转化在衢州，工作生活在杭州，创业贡献为衢州"的异地聚才模式。2016 年海创园一期正式开园，占地 26.7 亩、总建筑面积 6.76 万平方米，总投资约 3.2 亿元。2017 年 8 月，杭衢两地又积极响应省委省政府打造"山海协作升级版"号召，再度携手谋划启动了海创园二期建设，二期占地 48.96 亩、总建筑面积 13.09 万平方米，投资额 11.97 亿元。2021 年 11 月 8 日，海创园二期正式落成开园。以"科创飞地"为窗口和枢纽，衢州得以集聚高科技企业、高端人才、研发机构和风投机构等创新主体及要素资源，并通过引导海创园内孵化成熟的项目到衢州地区产业化，实现了对衢州地区产业的科技赋能和发展带动。

四 以人为本，公共服务优质共享的模式

"山海协作工程"的成果最终是要体现在山区群众的获得感上，而与发达地区相比，浙江山区的教育、医疗等公共服务相对滞后。因此浙江省始终将公共服务和社会事业建设作为"山海协作工程"的重点工作，不断推动优质医疗、教育资源下沉和共享，实现"幼有所育、学有所教、劳有所得、病有所医、老有所养、住有所居、弱有所扶"等目标[①]。

（一）庆元—嘉善的携手教育资源共享模式

"山海协作工程"积极推动教育资源共享，采取校际结对、联合办学、选派优秀教师等方式，推动优质教育资源共享。嘉兴市嘉善县与丽水市庆元县共 40 所学校结对校际帮扶，8 所学校结对"互联网+义务教育"帮扶，10 位名教师结对 20 名庆元教师、各结对学校师徒结对 26 对[②]。

第一，落实保障机制。嘉善县教育局与庆元县教育局签订山海协

---

① 黄祖辉、傅琳琳：《浙江高质量发展建设共同富裕示范区的实践探索与模式解析》，《改革》2022 年第 5 期。

② 资料来源：浙江省发展和改革委员会官网，https://fzggw.zj.gov.cn/art/2020/7/20/art_15995 46_51625715.html。

作合作协议,把教育山海协作纳入县教育局年度工作要点和对各校年度目标责任制考核,压实各校工作责任;建立教育局、学校、教师三层次常态化教育交流机制,围绕区域教育改革、教育教学管理、校园文化建设等重点,打造多层次、宽领域的山海协作协同发展格局。

第二,加强教师结对帮扶。邀请庆元县教师到嘉善交流培训、挂职锻炼,开展"浸入式"学习,加强教育理念的融合和借鉴;发挥优秀教师"传帮带"和辐射带动作用,依托名师工作室、特级教师协会等平台,与结对学校教师在课堂教学、课题研究、学科竞赛等方面进行全方位交流,共同提升两地教师教育教学质量和业务水平。

第三,拓展交流平台。嘉善县各学校主动与庆元县学校建立结对关系,友校间围绕校园文化、教学研究、课程建设等,开展了常态化、多元化、深层次的校际交流合作;深化"互联网+教育",引入国家和省级优秀教育资源,推动课程资源、名师资源、红色教育等资源与庆元县各学校共通共享。

(二)苍南—龙湾的合力打造医疗资源共享模式

"山海协作工程"通过统筹浙江全省优质医疗资源,创新推进医疗联合体建设,提升山区医疗质量。温州市龙湾区和苍南县作为"山海协作工程"中市内结对的双方,创新山海协作医疗合作模式[①],结合省市县民生实事项目任务,合作打造了马站镇中魁社区卫生服务站医养、医体、医教、医旅、医防"五大融合"未来乡村健康场景,实现苍南县在医疗卫生领域的大提升。

第一,强调慢病管理。中魁社区卫生服务站集苍南、龙湾两地医疗技术之所长,借力慢病管理中心,打造未来健康小屋,融入健康管理,实现自助血压、血糖、血脂等13项健康体检项目,以及电子健康档案查询、诊疗数据共享等自我管理功能,保障自助便捷的健康管理服务。

---

① 资料来源:浙江省发展和改革委员会官网,https://fzggw.zj.gov.cn/art/2021/11/5/art_16210 10_58931273.html。

第二，保障基本医疗。苍南和龙湾合力在中魁社区设立 5G 云诊疗区，借助 5G 技术，实现远程医疗服务，为百姓提供优质便捷的医疗服务，实现远程会诊、村检查县诊断和村办理县住院三个功能，让村民不出村享受优质快捷医疗服务，体现卫生健康的均等化。

第三，弘扬中医文化。苍南引进智能中医体质辨识分析设备、中医数字化诊疗辅助系统，并接入苍南全县中药饮片配送中心，选派苍南、龙湾两地优质中医医疗资源下沉，充分发挥中医药技术在基层预防保健中的独特优势，开展全民中体质调查分析。

第四节　浙江山海协作面临的主要问题

虽然"山海协作工程"的持续推进，对缩小浙江山区与沿海的发展差距、带动山区群众增收致富发挥了非常关键和重要的作用，但"山海协作工程"在具体的实施过程中仍面临一些障碍，其中资源要素受到制约、各地交流认识不足、运行机制不够完善、合作领域不够深入是主要的问题。

一　资源要素不足

浙江沿海发达地区基础设施和经济条件优越，对人才、土地、资金等核心资源要素的虹吸效应越来越强，而山区资源要素配置不足的劣势愈加明显。土地要素方面，土地资源不足制约着产业和项目的落地和发展。人才要素方面，山区的年轻劳动力及高素质人才不足和流失现象严重，山区缺乏内生增长动力，加上教育和医疗等民生保障水平与沿海发达地区相比还有一定差距，导致部分地区间的发展不平衡现象还在加剧。

二　各地交流和认识不足

全省层面、较高频率的山海协作交流分享平台还较为欠缺。参与

"山海协作工程"的山区26县与沿海发达县市之间、26个加快发展县（市、区）内部之间的交流和学习机会还不够多，导致一些地区对山海协作产业园规划是否合理科学、是否存在问题、招商引资是否到位、如何发挥山海协作优势主推地区发展等存在困惑。

三　运行机制不够合理

第一，在山海协作共建机制方面。各地对山海协作政策的理解和领悟不够，在工作推进中没有严格按照相关政策文件执行，导致未能充分整合优势，存在共建协作机制不明确，双方责任不明晰，主动对接不到位等情况，特别是在共建产业园的股权占比、双方投入方式、招商运营机制等方面仍未达成一致。第二，在山海协作规划引导方面。大部分地区尚未制定综合规划或产业发展规划，在"山海协作工程"中对本地产业发展定位和本地产业链构建没有进行统筹考虑，发展的战略性不足，参与先进制造业集群的谋划不足。

四　产业平台建设存在瓶颈

第一，现有的山海协作产业平台基础薄弱，产业协作平台的选址主要聚焦县域开发区（园区）整合空间范围内，发展空间有限，产业平台能级普遍较弱，整体基础相对薄弱。第二，山海协作产业平台的项目招引面临压力，受制于地理环境及人才、资金等资源要素，产业平台缺乏引领性重大项目，部分参与"山海协作工程"的结对双方合作招引的项目层次和质量不高，无法体现资源优化配置和产出效率提升的初衷。第三，参与"山海协作工程"的结对双方在合作的领域上不够深入，山海协作不应仅局限于"山"与"海"的产业、项目等方面的合作，也不应仅定位在山区县乡村的发展上，而应当扩展到更多领域和层次。

第五节　深化山海协作的思路与建议

面向新发展阶段，浙江省承担起了高质量发展建设共同富裕示范区的重大使命和光荣任务。浙江省应深入推进"山海协作工程"升级版，更好地发挥"山"与"海"的优势，加快发展县跨越式发展，实现山区的共同富裕。此外，"山海协作工程"还应该更加注重协作方式创新，更加注重造血功能培育，更加注重创新成果转化，全力打造山海协作升级版，助推山区26县成为全省经济发展新增长点，推动区域协调发展持续走在全国前列。未来五年，浙江省计划每年滚动推进山海协作产业合作项目300个、完成投资400亿元以上，每年实现消费帮扶金额3亿元以上，累计建设乡村振兴示范点200个以上①，推动山海协作"产业飞地"、特色生态产业平台全面落地见效。

一　着力在优化发展环境上下功夫

第一，加快基础设施建设。加快推进杭温铁路、衢丽铁路、景文高速、瑞苍高速等一批重大交通基础设施项目建设，积极推进温福高铁、温武吉铁路、义龙庆高速公路、庆景青公路等项目前期工作，着力打通山区对外交通大动脉。加快推进一批普通国省道和"四好农村路"建设，提升基础设施互联互通水平。加快在山区26县布局建设一批抽水蓄能电站。第二，加强高端要素和公共服务供给。鼓励和支持高校、科研院所到浙西南山区开展产学研合作，深化沿海和山区人才引育合作，搭建高端人才共享交流平台，引导高端科技人才为山区科技创新和企业发展服务；统筹全省优质医疗、教育资源，完善"双下沉、两提升"政策，创新推进医疗联合体建

---

① 资料来源：浙江省发展和改革委员会官网，https://fzggw.zj.gov.cn/art/2019/11/6/art_16210 10_39800966.html。

设，加强师资交流，深化学校结对，提升山区医疗、教育质量。第三，强化数字改革赋能，推动山区 26 县抢抓数字化改革机遇，推动与发达地区比学赶超、互学互鉴，优化创新创业生态，打造最优营商环境。积极推进 GEP 核算成果应用，拓宽生态产业价值实现途径。

二　着力在完善工作体系上下功夫

第一，强化顶层设计。将"山海协作工程"山区 26 县高质量发展和高水平发展建设共同富裕示范区的重要举措，建立新一轮山海协作工作体系，聚焦产业合作、平台共建、项目引领、人才支撑等方面，拓展帮扶领域，提高帮扶成效。第二，健全考核评价机制。根据新一轮省定结对关系，优化现有考核办法，探索县与县捆绑考核机制，完善考核指标体系，形成统分结合、上下联动、横向协同的工作合力。第三，优化协作机制。发挥结对双方党委、政府在山海协作中的主导作用，构建更加完善的协作机制。同时，发挥市场在资源配置中的决定性作用，促进资本、人才、技术等要素在区域间合理流动。

三　着力在深化平台共建上下功夫

第一，加快推进山海协作"飞地"建设，完善"产业飞地"激励政策，加强资源要素保障，以"产业飞地"为载体推动建立一体化招商协同机制，加强产业链山海协作，打造山区发展新空间。在杭州、嘉兴集中布局山海协作"科创飞地"，加快形成"研发在飞地、产业化在山区"的创新链。第二，加快打造特色生态产业平台，因地制宜、因园施策，找准主攻方向，集中抓好 1—2 个主导产业发展，引导重点企业向特色生态产业平台集聚，构建扩大税源和促进就业增收的发展平台。第三，加快山海协作产业园提质升级，深入推进山海协作工业产业园智能化和数字化改造，加快山海协作文旅产业园串珠成链，形成一批标志性成果。

四　着力在强化产业合作上下功夫

第一，强化产需对接，以集群化、绿色化、数字化、现代化为方向，积极推动山海协作结对市县开展产需对接、产用结合和产业链上下游整合，引导技术、资本、市场等与山区生态资源有机结合，支持山区 26 县培育发展新兴产业，提升传统制造业发展水平。深化央企与山区 26 县一对一结对合作，积极推动省属国企、知名浙商企业加大对山区 26 县投资力度。第二，打造"一县一业"，深入实施"一县一策"，引导山区 26 县发展高端装备、电子信息、生物医药、医疗器械、新材料等生态产业，加快形成一批百亿级规模的特色主导产业。积极引导支援地农业龙头企业到山区 26 县发展生态循环农业，建设特色农产品深加工基地。第三，加强企业培育，实施"放水养鱼""雏鹰行动"，引导山区 26 县重点培育创新型中小企业、专精特新"小巨人"、隐形冠军、单项冠军。推动山区 26 县开展企业管理现代化对标提升，加强"一企一策"专项诊断服务，推进企业"专精特新"发展。

五　着力在加强科技人才支撑上下功夫

第一，加强科技支撑，推动已有省级重点实验室、产业创新中心、制造业创新中心、产业创新服务综合体等省级创新载体与山区 26 县的精准对接，通过项目、资金等一体化配置，围绕山区 26 县产业需求持续开展基础研究、技术攻关和服务，提升主导产业发展水平。第二，建好博士创新站，围绕山区 26 县特色产业发展需求，按照"至少一位博士领衔，承担一个研发项目，组建一支研发服务团队，实践培养一批技术人才，服务一家企业"的标准，增强山区 26 县产业创新供给的源头效应。第三，强化人才培育，推动共建产学研合作基地、科技创新孵化园和职业技能培训基地，加强对山区产业技术人才培训。进一步健全人才资源共享机制，创新"柔性引才"和"人才飞地"新模式，建好用好"浙江人才大厦"等人才平台基地，提升山区创新发展动力。

第六章　率先建成乡村振兴示范省

实施乡村振兴战略，坚持农业农村优先发展，加快推进农业农村现代化，是实现中华民族伟大复兴和全面建设社会主义现代化国家的一项基础性工程①。党的二十大提出以中国式现代化全面推进中华民族伟大复兴，深刻阐明了中国式现代化的基本特征和本质要求，要把乡村振兴战略和中国式现代化紧密关联起来，在中国式现代化的引领下全面推进乡村振兴。浙江省作为全国高质量发展建设共同富裕示范区，同时也是全国农业现代化进程最快、乡村经济发展最活、乡村环境最美、农民生活最优的省份之一，肩负着高质量建成乡村振兴示范省的重任，应该勇于先行、全局谋划、立足长远，在全国率先实现农业农村现代化，代表中国向全世界展示中国式现代化在农业农村领域的丰富内涵。

第一节　浙江省乡村振兴战略的实施进程

浙江省在乡村发展、乡村建设和乡村治理方面已具备良好基础，向全国输出了共同富裕探索的"浙江方案"。党的十九大提出实施乡村振兴战略后，浙江省结合中央对乡村振兴的总体要求和本省"三农"工作的过往实践，对乡村振兴工作进行了系统规划和持续深入

---

① 魏后凯：《如何走好新时代乡村振兴之路》，《人民论坛·学术前沿》2018 年第 3 期。

推进，开启了对乡村振兴的新一轮探索。

一　明确乡村振兴的整体思路

实施乡村振兴战略需要科学制定规划①。浙江省对农业农村的发展一直有着比较合理的规划设计，为了更有效地推进乡村振兴，浙江省很快绘制了本省乡村振兴的蓝图，找准了推进乡村振兴的抓手，形成了部省联合的推进机制，推进乡村振兴的整体思路得到明确。

（一）绘制蓝图，制定乡村振兴战略规划

2018 年 12 月，浙江省委省政府出台《浙江省乡村振兴战略规划（2018—2022 年）》，绘制了浙江省乡村振兴第一个阶段工作的蓝图②。该规划为浙江省推进乡村振兴设置了"四步走"的发展目标，分别是位于规划期内的 2020 年和 2022 年，以及做出远景展望的 2035 年和 2050 年，与中共中央、国务院印发的《乡村振兴战略规划（2018—2022 年）》的时点设计保持一致。规划提出了浙江省乡村振兴需要主抓的七个方面重点工作：构建乡村振兴新格局、高质量发展乡村经济、建设花园式美丽乡村、全面繁荣乡村文化、打造乡村治理现代化先行区、全面创造农民美好生活和健全城乡融合发展政策体系，体现出浙江省已在并且仍将在中国乡村振兴进程中"走在前列"和"先行示范"的基本特征。同时，规划在充分研判浙江省乡村发展成效和未来发展态势基础上，聚焦城乡融合和"五大振兴"，明确了推进乡村振兴的主要路径，强调要加快城乡融合发展、深化农业供给侧结构性改革、加大乡村人力资本开发、弘扬红船精神、深化"千万工程"建设、健全现代乡村治理体系等。

（二）确立抓手，推出新时代"三农"工作"369"行动

2020 年 4 月，浙江省全面启动新时代浙江"三农"工作"369"

---

① 叶兴庆：《新时代中国乡村振兴战略论纲》，《改革》2018 年第 1 期。

② 在此之前，浙江省于 2018 年 3 月先行制定了《全面实施乡村振兴战略高水平推进农业农村现代化行动计划（2018—2022 年）》，成为编制《浙江省乡村振兴战略规划（2018—2022 年）》的重要依据。

行动，以"3 大定位、6 项要求、9 方面重点"为主要内涵，被作为
今后一个时期浙江"三农"工作的主抓手。"3 大定位"明确浙江在
全国"三农"工作中应扮演农村改革探路者、城乡融合先行者、乡
村振兴排头兵的角色。"6 项要求"强调在坚持稳中求进中把握系统
观念抓统筹、守牢底线保安全、聚焦难点补短板、创新赋能促改革、
以人为本强队伍、锚定前列创品牌。"9 方面重点"突出 9 个方面的
年度重点工作，每年根据实际需要迭代升维。

表 6-1　　　　2020—2022 年"369"行动中的"9 方面重点"

年份	2020 年	2021 年	2022 年
9 方面重点	1. 确保农产品增产提质 2. 建设数字"三农" 3. 打造美丽乡村 4. 解决相对困 5. 推进"两进两回" 6. 深化"肥药两制"改革 7. 推进农村综合集成改革 8. 构建"四治融合"乡村治理体系 9. 培养高素质"三农"人才队伍	1. 做好稳产保供，做大做强特色优势产业 2. 强抓安全生产，提升农产品质量安全保障能力 3. 建设数字"三农" 4. 推动共同富裕 5. 打造美丽乡村 6. 深化集成改革 7. 深化"两进两回" 8. 深化"肥药两制"改革 9. 推进"四治融合"	1. 做好稳产保供 2. 开展农业"双强"行动 3. 建设未来乡村 4. 推进强村富民 5. 建设数字"三农" 6. 深化"两进两回" 7. 推进绿色发展 8. 深化"四治融合" 9. 强化本质安全

注：①"两进两回"：科技进乡村、资金进乡村、青年回农村、乡贤回农村；②"肥
药两制"改革：化肥定额制施用和农药实名制购买改革；③"四治融合"：自治、法治、
德治、智治。

资料来源：笔者根据浙江省农业农村厅资料整理。

（三）部省联合，高质量创建乡村振兴示范省

2021 年 6 月，发布《中共中央　国务院关于支持浙江高质量发
展建设共同富裕示范区的意见》，提出浙江要率先实现城乡一体化发
展。其中"高质量创建乡村振兴示范省，推动新型城镇化与乡村振
兴全面对接"是一项重要内容。同年 8 月，为深入贯彻落实中央要
求，浙江省联合农业农村部共同印发了《高质量创建乡村振兴示范

省推进共同富裕示范区建设行动方案（2021—2025 年）》。行动方案明确了 2025 年的行动目标，提出有条件的地区率先基本实现农业农村现代化，共同富裕先行先试取得明显成效，形成一批可复制可推广的经验模式。这一目标的达成需要通过延伸乡村产业链条、拓展农业多种功能、发展绿色生态农业、强化农业科技创新、建设美丽宜居乡村、深化农村改革六个方面的重点任务加以实现。在工作路径方面，行动方案指出要坚持部省共建、以省为主，浙江省切实承担主体责任，农业农村部有针对性地加强政策扶持，优先将相关改革试点、探索示范任务赋予浙江。

二　创新乡村振兴的推进举措

创新是浙江省实现经济社会快速发展的重要驱动力，在推进乡村振兴的过程中，浙江省探索出集成改革、数字化改革、未来乡村等创新举措。

（一）立足集成改革，推动农村改革由点上突破向综合集成转变

注重系统性、整体性、协同性是全面深化改革的内在要求，也是推进改革的重要方法。浙江省通过制定实施《关于开展新时代乡村集成改革的实施意见》启动乡村集成改革，把涉及现代农业、农村经济、人居环境、乡村治理、农民发展等重要领域和关键环节的改革放进"一张图"，形成组合拳。每年确定 11 个以上县（市、区）作为省级新时代乡村集成改革试点，分批推进；条件成熟的地方，可整市域推进集成改革试点。2021 年，衢州、绍兴两市及杭州萧山区、台州黄岩区等 16 个县（市、区）成为首批试点地区。为了进一步提高乡村集成改革的质量，浙江提出了以集体经济为核心的强村富民乡村集成改革，并出台全面深化此种改革模式的工作方案，将第二批新时代乡村集成改革试点迭代为强村富民乡村集成改革实践试点。强村富民乡村集成改革设计了四条主要的改革路径：一是"市场化改革+集体经济"，强调深化集体经济市场化改革，推行"强

村公司"机制，推进集体经济"飞地抱团"发展，鼓励组团模式参与市场经营活动。二是"标准地改革+农业'双强'"，强调推进农业标准地改革，实施农业"双强"赋能，重点推进种业振兴和农业机械化。三是"宅基地改革+乡村建设"，强调深化"1+5"农村宅基地制度改革国家试点，深化"千万工程"。四是"数字化改革+强村富民"，强调加快"浙农"系列应用开发，推进"浙江乡村大脑2.0"建设，全面打造省市县乡村户六级一体贯通的集体经济数字应用"浙农经管"。

（二）立足数字赋能，加快乡村生产生活服务方式数字化变革

数字经济通过其在资源配置、渗透融合、协同等方面独特优势，有效促进了全要素生产率的提升，已成为推进产业结构调整和实现经济可持续发展的强大力量①。浙江省充分利用本省互联网大省和数字经济发展先发地的良好环境，坚持数字化改革引领，全方位推进数字技术在农业农村的应用，将数字化、一体化、现代化贯穿于乡村振兴全过程。2021年至今，浙江省出台了《浙江省数字乡村建设实施方案》，制定了《浙江省数字乡村建设"十四五"规划》，统筹推进数字"三农"协同应用平台建设，扩大数字技术在农业生产、流通营销、行业监管、公共服务和乡村治理五大领域的融合应用，立足产业数字化、管理高效化、服务在线化、应用便捷化，着力构建数字乡村业务应用体系、应用支撑体系、数据资源体系和基础设施体系"四大体系"。浙江省围绕夯实乡村数字发展基础、乡村产业数字化转型、公共服务优质共享、健全四治融合治理体系四个方面，持续推进"政府引导+市场投入"机制构建、"产业大脑+未来农场"建设、"浙农应用+未来乡村"建设、"大脑集成+制度重塑"建设，致力打造国家数字乡村建设的展示窗口、乡村数字生活的服务标杆、乡村整体智治的先行样板。在政策支持层面，通过加大乡村信息基础设施建设、数字化平台系统开发、数字农业工厂建设等方面的财

---

① 裴长洪等：《数字经济的政治经济学分析》，《财贸经济》2018年第9期。

政投入力度，引导现代农业项目资金支持农业数字技术应用；支持金融机构开发适合数字乡村建设的信贷产品，鼓励社会资本参与数字乡村建设；鼓励市场主体和社会公众开展乡村大数据增值性、公益性开发和创新应用；推动各地和有关企业利用乡村振兴投资基金投入数字乡村建设。同时，围绕乡村数字经济发展模式创新、产业转型、治理模式转变、公共服务能力升级等开展试点，目前已有德清等 4 个国家级和建德等 32 个省级数字乡村试点市县。

（三）立足未来乡村，开启乡村建设全新探索

面对当前农村人居环境治理存在的问题，浙江"千村示范、万村整治"工程以"两山"理念为核心，探索出一条在"政府—市场—农民"多元主体协作治理格局下的成功实践之路①。2021 年，浙江省委、省政府作出建设未来乡村的重大决策部署，建设未来乡村是浙江在共同富裕大场景下对"千万"工程的再深化。2022 年 1 月，浙江省出台《关于开展未来乡村建设的指导意见》，将全省上下在乡村各领域长期探索后形成的经验做法集成于未来乡村建设中。未来乡村以人本化、生态化、数字化为建设方向，以原乡人、归乡人、新乡人为建设主体，着眼于未来产业场景、未来风貌场景、未来文化场景、未来邻里场景、未来健康场景、未来低碳场景、未来交通场景、未来智慧场景和未来治理场景"九大场景"的打造，一体化推进"美丽乡村+数字乡村+共富乡村+人文乡村+善治乡村"建设，最终构建引领数字生活体验、呈现未来元素、彰显江南韵味的乡村新社区。为推进未来乡村建设，浙江省要求各级财政积极支持未来乡村建设，土地出让收入用于农业农村的资金向未来乡村建设倾斜，坚持节约集约用地建设未来乡村，保障好项目村农民建房、基础设施建设、产业发展用地计划指标。同时，鼓励大胆改革创新，建立容错纠错制度，及时纠偏苗头性问题。2022 年 5 月，浙江省出台

---

① 王微、刘世华：《农村人居环境协作治理的实践路径——以浙江"千村示范、万村整治"经验为例》，《广西社会科学》2020 年第 6 期。

《浙江省未来乡村创建成效评价办法（试行）》，内含《浙江省未来乡村建设导引》，为未来乡村建设构建了包含"基础性"和"发展性"两种类别的指标体系。2022 年，浙江省已公布 378 个未来乡村试点创建村名单，首批创建的 36 个未来乡村已验收通过。

三　健全乡村振兴的法律规章制度

乡村振兴的推进离不开法律和制度层面的保障，浙江省通过出台乡村振兴促进条例和试行五级书记抓乡村振兴责任清单以加强乡村振兴的法律制度保障。

（一）强化法律保障，出台乡村振兴促进条例

2021 年 4 月，《中华人民共和国乡村振兴促进法》颁布后，浙江省人大常委会于同年 7 月审议通过了《浙江省乡村振兴促进条例》，是浙江首部"三农"领域的基础性、综合性、系统性法规。条例对城乡融合、产业兴旺、生态宜居、乡风文明、治理有效、数字乡村、人才支撑和保障措施八个方面做出全方位规定，为浙江省全面推进乡村振兴、加快农业农村现代化提供了更有针对性的法律保障。《浙江省乡村振兴促进条例》有三大亮点：一是在整体原则和各个章节中突出体现了共同富裕的要求，明确促进乡村振兴应当统筹解决地区差距、城乡差距、收入差距"三大差距"。二是将"城乡融合"放在首要位置，对城乡公共基础设施，城乡学校布局和教育资源，城乡医疗卫生服务，城乡就业统计和失业救助，城乡统一的居民基本养老保险、居民基本医疗保险、大病保险和社会救助制度均做出要求，突出以统筹城乡发展的理念引领乡村振兴的工作。三是将"数字乡村"作为专门一章，提出要推进数字基础设施建设、引导和支持发展智慧农业、支持乡村电子商务平台建设、拓展乡村治理与服务数字化应用场景、推进农村生活性服务业数字化，充分反映浙江省农业农村数字化发展的优势和通过数字赋能构建数字乡村新图景的趋势。

（二）强化制度保障，试行五级书记抓乡村振兴责任清单

2022年3月，浙江省为深入贯彻《中国共产党农村工作条例》《中国共产党浙江省委员会农村工作实施办法》，在全国率先出台《浙江省落实五级书记抓乡村振兴责任清单（试行）》（以下简称《责任清单》），强调把"三农"统筹协调放在重要位置，强调各级书记要落实乡村振兴政治责任。《责任清单》根据设区市市委书记、县（市、区）委书记、乡镇（街道）党（工）委书记、村党组织书记抓乡村振兴工作的职责分工和重心差异，从工作重视、工作谋划、工作推进、工作落实、工作保障等维度，量身定制了一套既有共性、又有个性的履职清单，将县（市、区）委书记作为抓乡村振兴的最关键一层。《责任清单》要求，设区市市委书记必须落实党政领导干部联系乡村振兴联系点制度，带头定点联系1个以上涉农乡镇（街道）或行政村，任期内走遍辖区所有乡镇（街道）；县（市、区）委书记要履行"一线总指挥"职责，亲自谋划、亲自部署、亲自落实"三农"工作，每年要把三分之二以上的调研时间用于农村工作，任期内走遍辖区所有村（社区），带头定点联系1个以上行政村和1个以上现代农业经营主体；乡镇（街道）党（工）委书记要集中精力抓党建、抓治理、抓发展、抓服务，在年度内走遍辖区所有自然小组；村党组织书记要充分发挥基层党组织战斗堡垒作用，领导村党组织团结、组织、动员群众，集中精力推动乡村全面振兴各项任务落实，在年度内走遍辖区所有农户。《责任清单》还提出组织各级书记抓乡村振兴、基层党建工作述职评议，建立市县党政领导班子和领导干部推进乡村振兴战略实绩考核制度。在新的责任体系下，各级书记面对的是可量化、能定责、可追责的高要求。

第二节　浙江省乡村振兴战略的实施效果和未来挑战

2021年中央一号文件指出要走中国特色社会主义乡村振兴道路，

加快农业农村现代化，促进农业高质高效、乡村宜居宜业、农民富裕富足。总体来看，通过实施乡村振兴战略，浙江省在农业高质高效、乡村宜居宜业、农民富裕富足三个方面都取得了良好效果。

一　在农业高质高效上形成发展亮点

浙江省农业基础不断夯实，现代乡村产业体系逐渐构建，表现为粮食和重要农产品供给能力提升，农业生产的现代化水平较高，农业的可持续发展能力和乡村产业的创新发展能力突出。

（一）粮食和重要农产品供给

1. 粮食生产稳定且储备能力提升

自实施乡村振兴战略以来，浙江省粮食供给稳中有增，2021 年粮食播种面积 1510.1 万亩、总产量 124.2 亿斤，均创近五年新高，比 2017 年分别增长 3.0% 和 7.0%。粮食储备能力得到增强，2020 年浙江省粮食储备仓容达到 138 亿斤，地方储备粮规模增加到 108 亿斤，晚稻储备比例达到 30% 以上，成品粮储备增加到 4 亿斤，储备食用植物油 1 亿斤，全省的粮食政府储备总量可以满足本省人民半年以上的口粮需求。

表 6-2　　　　　　　　2017—2021 年浙江省粮食生产情况

	2017 年	2018 年	2019 年	2020 年	2021 年
播种面积（万亩）	1465.8	1463.6	1466.2	1490.1	1510.1
亩产（公斤/亩）	395.7	409.3	403.8	406.5	411.2
总产量（亿斤）	116.0	119.8	118.4	121.1	124.2

资料来源：《浙江统计年鉴（2022）》。

2. 重要农产品供给有所增长

2021 年，浙江省蔬菜及食用菌、油料、茶叶产量分别达到 1934 万吨、32 万吨、18 万吨，相较于 2017 年都有所增长，分别增长

1.2%、17.9%、1.5%，其中油料产量增长最为明显。2021 年浙江省共有大型生猪养殖场（户）756 家，比 2017 年年末增加 334 家，大型养殖企业生产总体平稳，存栏占比总体维持在 70%—75%，生猪存栏 640 万头，比 2017 年增长 18%。水产品产量 626 万吨，比 2017 年增长 5.3%，其中淡水产品 142 万吨，比 2017 年增长 16.3%。在非粮化整治、保耕稳粮背景下，水果、中药材等经济作物保持基本稳定，2021 年水果产量 723 万吨，较 2017 年下降 3.8%，中药材种植面积 71 万亩，较 2017 年下降 2.6%。

（二）农业生产的现代化

1. 农业科技装备水平不断提升

2021 年，浙江省农业科技进步贡献率 65.15%，农业科技创新能力居全国第 5 位；主要农作物耕种收综合机械化率 74.9%，水稻耕种收综合机械化率 84.9%，成功创建农业"机器换人"示范省。同时，浙江省种质资源基础不断拓宽，育种"硬核"实力不断增强，2021 年全省良种覆盖率达 98% 以上，优质稻品种面积占比达 75.5%。在先进的农业科技装备支撑下，2021 年浙江省的农业劳动生产率达到 4.6 万元/人，比 2017 年提高 1.2 万元，增长 35.3%。

2. 农业生产信息化水平较高

根据农业农村部发布的《2021 全国县域农业农村信息化发展水平评价报告》，2020 年浙江省农业生产信息化水平达 41.6%，高于全国平均水平 19.1 个百分点，位居全国第二。其中，畜禽养殖业和水产养殖业生产信息化水平分别为 60.3% 和 43.3%，高于全国平均水平 30.1 个和 27.6 个百分点，分居全国第 1 位和第 2 位；设施栽培业和种植业生产信息化水平分别超过 30% 和 35%，均排在全国前五。

3. 农田基础设施得到全面改善

2020 年年底，浙江省累计建成高标准农田 1790.8 万亩，占永久基本农田的 75%；累计建成粮食生产功能区 810.7 万亩，占永久基本农田的 34%，为稳定和提高粮食生产能力提供了坚实的物质基础。

通过建设高标准农田，有效减少旱涝渍等灾害影响，降低粮食生产损失 5%以上。2020 年全省平均耕地质量等级为 3.73，较全国同期高约 1 个等级，一等至三等的耕地面积为 1461.81 万亩，占耕地总面积的 49.29%。农田有效灌溉面积 763 万亩，灌溉保证率达 80%以上，农田灌溉水有效利用系数为 0.606。

4. 现代农业经营体系逐渐成形

现代农业经营主体的队伍不断壮大，10 万多家家庭农场、4 万多个农民专业合作社和 5000 多家农业龙头企业已成为浙江农业现代化的主力军；已形成由省农合联、11 个市农合联、85 个县级农合联、961 个乡级农合联组成的农合联组织体系，生产、供销、信用服务协同供给的农业合作服务体系稳步构建；农业社会化服务组织已达 1.3 万个，农机社会化服务水平不断提高。2021 年，浙江家庭承包耕地流转面积达 1072.6 万亩，流转率超过 60%。

（三）农业的可持续发展

1. 化肥农药减量化成效明显

通过推行"肥药两制"，2021 年浙江省化肥（折纯）、农药使用量分别为 68.3 万吨和 3.5 万吨，连续 9 年实现农药化肥使用量减量，比 2017 年分别下降 17.3% 和 23.9%。2017—2021 年化肥、农药使用量年均分别下降 4.6%、6.6%，主要农产品质量安全抽检合格率保持在 98%以上。农业废弃物资源化利用广泛开展，农药包装废弃物回收率在 90%以上，农作物秸秆综合利用率为 96.35%，畜禽粪污无害化处理和综合利用率达 91%。

2. 农业保险体系不断健全

浙江省不断拓展优化政策性农业保险，2020 年已有农业保险险种 118 个，保费规模为 11.05 亿元，基本覆盖全省种植业、养殖业和林业主要品种，保险保障基本覆盖自然灾害等基础保险责任；渔业互助保险险种 18 个，保费规模为 7.3 亿元；政策性林木保险面积 4815.64 万亩，保额为 219.63 亿元。

（四）乡村产业的创新发展

1. 农产品电商发展全国领先

根据农业农村部发布的《全国县域农业农村信息化发展水平评价报告（2021）》，2020 年浙江省县域农产品网络零售额达 940.6 亿元，占全国县域农产品网络零售额的 12.5%，位居全国第二；农产品网络零售额占省内农产品销售总额的 37.5%，高于全国平均水平 23.7 个百分点，位居全国第一。这有赖于浙江省农业农村信息化发展的巨大优势，《浙江省县域数字农业农村发展水平评价报告（2021）》显示，2020 年浙江省县域农业农村信息化发展总体水平 66.7%，连续三年位居全国第一，远高于第 2 名江苏（56.5%）、全国平均水平（37.9%）和东部发展水平（41.0%）。浙江省有电子商务配送站点（不包括不提供配送服务的快递代收点）村数占比 55.5%，比上年提高 8.2 个百分点，全省 85 个涉农县（市、区）中有 81 个县（市、区）的发展水平超过了全国总体水平，有 26 县的发展水平排名全国前 100，获评"全国县域数字农业农村发展水平评价先进县"。

2. 休闲农业快速发展

2020 年，浙江省全省开展乡村旅游的村达 4976 个，占全部村的 23.6%，有 24 个区（县、市）、28 个经营点入选全国休闲农业与乡村旅游示范县和示范点；40 个村入选全国乡村旅游重点村名录，60 个村入选农业农村部中国美丽休闲乡村名录，两类村庄数量均居全国之首，19 处田园景观获评中国美丽田园；全省休闲农业和乡村旅游接待 2.47 亿人次，比 2015 年的 1.03 亿人次增加 1.44 亿人次，年均增长 27.9%。2021 年，浙江省有休闲农业农家乐经营主体 2.1 万家，从业人员 31.5 万人，营业收入 469.4 亿元，比 2017 年增长 61%。

二　在乡村宜居宜业上树立广泛示范

浙江省在美丽乡村建设、农村人居环境提升、乡村治理体系和治理能力现代化等方面已形成诸多成功的经验做法，并被纳入中央文件，在全国范围得到较为广泛的推广。

（一）乡村生态宜居

1. 农村人居环境高水平提升

浙江省通过推进农村人居环境提升三年行动，形成了"户分、村收、有效处理"的农村生活垃圾集中收集处理体系，2021年实现生活垃圾集中收集处理行政村全覆盖，农村生活垃圾分类处理行政村覆盖率达96%，比2017年提高55个百分点，生活垃圾"零填埋"，比2017年下降41个百分点，回收利用率为61%。以还农村"天蓝水清"的生态环境为目标，以治污水作为"大拇指"工程，有序开展农村生活污水处理设施提升工作，完成农村生活污水处理设施标准化运维1.9万个，实现规划保留村生活污水治理全覆盖，2021年全国农村人居环境整治监测报告显示，浙江农村生活污水治理走在全国前列。全面启动农村改厕扩面提升工作，全省农村卫生厕所覆盖率99.87%，无害化卫生厕所普及率99.5%，建有公共厕所的行政村比例达99.9%。

2. 新时代美丽乡村实现全域提升

浙江省在全国率先出台《新时代美丽乡村建设规范》省级地方标准，倾情打造新时代美丽乡村。县域乡村建设规划编制实现全覆盖，"多规合一"的实用性村庄规划编制工作有序推进。2021年年底，创建美丽乡村示范县56个，美丽乡村示范乡镇610个，美丽乡村达标村15841个、精品村5465个、特色精品村1835个。通过完成造林更新面积47.49万亩，建设战略储备林和美丽生态廊道59.21万亩，省级以上公益林建设规模4567万亩，共创成国家森林城市18个，省森林城镇703个，建成"一村万树"示范村1482个。

（二）乡村乡风文明

1. 乡村文化设施建设不断齐全

2021年，全省新建农村文化礼堂2026家，总数达到19830家，是2017年的2.5倍；全国、省级文明村镇分别达270个、1352个，新时代文明实践中心全覆盖，建成实践所、站、点 5 万余个，实践所、站覆盖率 80%；全省村级图书室（馆）、文化站覆盖率达84.0%，较 2016 年上升了 9 个百分点；乡镇（街道）综合文化站等级站比例达到 97%，设置综合文化服务中心的村庄占 86.1%。2020年，全省累计建设省级以上传统村落 1042 个，其中国家级传统村落636 个，数量位居全国第四。

2. 乡村精神文化生活日趋丰富

浙江省持续开展文化惠民活动，2021 年全省完成送戏下乡 21722场、送书下乡 418 万册、送讲座送展览下乡 23877 场，组织文化走亲活动 2354 次。全省有 99.8% 的村有村规民约，平均每个村有 1.3个农民业余文化组织，比 2016 年的 1.06 个上升 22.6%。全民健身中心乡镇覆盖率 20.39%、村级健身广场和体育休闲公园行政村覆盖率 100%，农民运动会、农村体育赛事广泛开展，县乡两级体育组织体系进一步健全。

（三）乡村治理有效

1. 党建统领的乡村治理体制不断完善

浙江省出台了村级组织工作规则、村级组织阳光治理工程意见、村社党组织书记县级党委备案管理规定、不合格村社干部处置规定、"一肩挑"后村干部监督管理办法、村干部基本报酬管理规定，全面实施"开门一件事"（村级组织换届新干部上任后领办的第一件事）和"包网入户"行动，全面开展"领雁擂台赛"，推选认定新一轮兴村（治社）名师 100 名。大力推行"党建+网格"，全省共划分网格6.1 万余个，配备专兼职网格员 33 万余人。

2. "四治融合"模式创新引领

浙江省扎实开展全国乡村治理体系建设试点县和示范镇村创建，建德市等 10 个县（市、区）列入全国乡村治理体系建设试点单位，6 个镇、61 个村被认定为全国乡村治理示范乡镇和示范村，数量位居全国第一。2022 年，全省建成省级以上民主法治村 1643 个，县级以上民主法治村占比90%以上；17784个村实行"一村一辅警"制度，18886个村建立法律顾问、法律服务工作室。持续实施万村善治（示范）工程，累计建成善治（示范）村6036个。乡村治理积分制、"道德银行""好家风信用贷"等德治经验做法在全省加快推广。

3. 村居清廉建设纵深推进

浙江省全面推行"小微权力"清单制度，制定权力清单和负面清单，为村干部行使权力划定"边界"。推进乡镇街道纪律检查机构规范化建设，在实现村（社区）监察工作联络站全覆盖的基础上，通过创新不断推动基层纪检监察工作从"有形覆盖"向"有效覆盖"转变，2020年受理信访举报件数量比上年下降29.52%，基层政治生态得到进一步净化和优化。2020年浙江省部署开展"强化清廉村居建设"专项工作，推动培育100个清廉村居建设示范标杆，其中包含27个全国乡村治理示范村。

4. 平安乡村建设成效明显

浙江省组织开展"六清"行动，建立防范和整治"村霸"长效机制，严厉打击"套路贷"，农村涉黑涉恶问题得到进一步遏制，基层组织建设环境明显优化。持续开展"雪亮工程"建设，全面推进公共安全视频监控建设联网应用，2020年农村公共出入口视频监控联网率100%，乡村社会更加和谐安定。

三　在农民富裕富足上处于全国领先

浙江省农民的收入和生活水平长期在全国处于领先水平，城乡居民生活水平差距在全国较小，这些优势在推进乡村振兴过程中得到进一步巩固。

（一）农民收入

1. 农村居民收入水平全国领跑

2021年，浙江省农村居民人均可支配收入达35247元，连续37年居全国各省（区）第1位，较2017年增长41.2%，年均增长9%。

城乡居民收入比 1.94，连续 9 年呈缩小态势，比全国城乡居民收入比低 0.56，成为全国城乡融合度最高的省份之一。11 个地市中，嘉兴市农村居民人均可支配收入连续 18 年居全省第一，首次跨上"四万元"台阶，达到 43598 元，城乡居民收入比缩小至 1.6。

表 6-3　　　　　　　　2017—2021 年浙江省农村居民收入情况

指标		2017 年	2018 年	2019 年	2020 年	2021 年
农村居民人均可支配收入（元）	浙江	24956	27302	29876	31930	35247
	全国	13432.4	14617.0	16020.7	17131.5	18931.0
城乡居民收入比	浙江	2.05	2.04	2.01	1.96	1.94
	全国	2.71	2.69	2.64	2.56	2.50

资料来源：笔者根据各年度《浙江统计年鉴》《中国统计年鉴》计算。

2. 低收入农村区域和农民群体的收入水平大幅改善

2021 年，浙江省山区 26 县①农村居民人均可支配收入 27619 元，均高于全国平均水平，与全省农村居民人均可支配收入倍差缩小到 1.28。全省低收入农户年人均可支配收入 16491 元，同比增长 14.8%，高出全省农民收入增速 4.4 个百分点，比 2017 年增长 40%，与全省农村居民人均可支配收入比缩小到 2.14。高质量解决"两不愁三保障"突出问题，年家庭人均收入 8000 元以下情况实现全面清零。

（二）集体经济

1. 农村集体经济收入增长强劲

2021 年，浙江省村级集体经济总资产 8203.9 亿元，较 2017 年增长 56%；村级农村集体经济收入 707 亿元，较 2017 年增长 67%，

---

① 淳安县、永嘉县、文成县、平阳县、泰顺县、苍南县、武义县、磐安县、衢州市柯城区、衢州市衢江区、龙游县、江山市、常山县、开化县、天台县、仙居县、三门县、丽水市莲都区、龙泉市、青田县、云和县、庆元县、缙云县、遂昌县、松阳县、景宁畲族自治县，这 26 县与浙江省平均发展水平存在一定差距。

农民通过集体股份分红总收入超 100 亿元。据全省涉农村（居）委会数据分析，村集体经济中位数从 2016 年的 31.5 万元提高到 2020 年的 93.0 万元，增长近 2 倍。2020 年，村集体经营收入中位数达 26 万元，比 2016 年增长约 20 倍；村集体经济收入超过 50 万元的村占比高达 70%，10 万—20 万元的村只有 5%，20 万—50 万元的村占 25%。2021 年，全省 98.8% 的行政村集体经济总收入达到 20 万元且经营性收入 10 万元以上。

2. 集体经济"造血"功能明显增强

2021 年年底，浙江省县、乡、村三级成立"强村公司"1347 家，入股"强村公司"的行政村达 8803 个，实现利润 16.85 亿元，村均分配收益 14.21 万元；实施"飞地抱团"项目 1055 个，参与"飞地抱团"项目的村共 1.275 万个，年创利润 19.62 亿元，村均回报 15.38 万元。通过实施消除集体经济薄弱村三年行动计划和"千企结千村、消灭薄弱村"专项行动，集体经济薄弱村全面消除。

（三）农村基础设施

1. 农村交通基础设施整体提升

2021 年，浙江省通公路的村占比超 99.9%，实现 200 人以上自然村公路通达率达到 100%，农村公路优良中等路比例超 85%，村内主要道路为水泥和柏油路面的比重为 99%；行政村通客车全覆盖，城乡公交一体化率为 68.84%。

2. 基本实现城乡同质饮水

浙江省全面实施农村饮用水达标提标行动，城乡供水一体化和区域供水规模化有效推进，2021 年农村饮用水达标人口覆盖率超 95%，累计完成提标人口超千万，水质达标 92% 以上，基本实现城乡居民同质饮水。

3. 乡村信息基础设施不断夯实

2021 年，浙江省实现 5G 网络乡镇全覆盖、行政村基本覆盖，有线电视和宽带通村比重为 99.6% 和 99.5%，农村地区宽带网络与城市基本实现"同网同速"。浙江省数字"三农"协同应用平台初步搭建，开发推行"浙农码"，初步实现农业农村主体码上服务、码上监管等功能。

4. 乡村快递服务快速发展

2021 年，浙江省快递乡镇网点全覆盖不断深化提升，乡镇快递网点覆盖率达 100%，"快递进村"覆盖率达 99.25%，实现 19920 个行政村 4 个以上品牌快递基本服务全覆盖，9 个以上品牌快递服务平均进村率达 95.1%，基本形成县、乡镇、村三级农村寄递物流配送网络。

（四）农村基本公共服务

1. 教育资源进一步优化

2020 年，浙江省农村等级幼儿园比例 97.2%，845 个乡镇都至少建有一所公办幼儿园，"一乡镇一公办"中心园实现全覆盖。农村义务教育入学率为 99.99%，农村义务教育标准化学校比例为 98.6%。开展"互联网+义务教育"中小学校结对帮扶，实现乡村小规模学校受援全覆盖。

2. 医疗保障进一步提升

2021 年年末，全省拥有村卫生室 11218 个，村卫生室规范化率达 78.3%。"双下沉、两提升"长效机制持续完善，208 家县级医院和 1063 家乡镇卫生院组建成 161 家医共体，实现全省县域医共体建设全覆盖。

3. 社会保障体系进一步健全

2021 年，浙江省参加城乡居民基本养老保险人数 4423 万人，城乡居民养老保险基础养老金最低标准提高到 180 元/月；全省基本医疗保险参保人数 5655 万人，户籍人口基本医疗保险参保率达 99%以上。符合社会救助条件的农村困难群众全部纳入社会救助范围，乡镇（街道）居家养老服务中心共建成 1456 家，居家养老服务中心实现乡镇全覆盖。

四　乡村振兴的未来挑战

推进乡村振兴，要坚持全国一盘棋。从全国乡村振兴全局看，浙江省既要根据本省省情瞄准省内农业农村发展遇到的挑战，也要谋划好如何发展才能更好地契合国家宏观战略需要、符合乡村振兴的整体设计。

（一）耕地资源保护和粮食等重要农产品保供面临较大压力

据全国三次国土调查数据，2019 年年末浙江省耕地面积 1935.70 万亩，比 2009 年减少 1044.33 万亩，下降幅度达 35.04%，居全国各地区之首。1999—2009 年浙江省耕地面积减少 207.98 万亩，而在 2009—2019 年这一数值增加了 4 倍，人均耕地面积从 1996 年的 0.72 亩下降到 2019 年的 0.30 亩（按常住人口计算）。2000—2020 年，浙江省粮食播种面积从 3450.4 万亩减少到 1490.1 万亩，减少了 56.81%。保障国家粮食安全是全面建设社会主义现代化国家的底线要求，浙江在推进乡村振兴过程中需要妥善解决好耕地资源保护和粮食保供问题。

（二）乡村产业现代化水平不高

近年来，浙江乡村产业取得较快发展，但受资源禀赋限制，以及城镇化对农村人才抽离等影响，产业融合深度不够、内生动力不足等问题仍然存在。产业链的延伸和价值链的提升是乡村产业融合发展的前提，但浙江省面临新型农业经营组织发育迟缓、先进技术要素扩散渗透力不强、涉农公共服务供给不足等问题，导致一些地区的产业融合程度较低、融合层次较浅。以农产品加工为例，浙江省农产品加工业发展缓慢，大多数农产品加工企业规模小，技术装备水平落后，精加工、深加工程度不足，2017—2020 年浙江省农产品加工产值与农业产值之比依次为 3.2、3.0、2.9、2.8，呈逐年下降态势[1]，乡村产业的现代化任

---

[1]　浙江省地方统计调查队课题组：《乡村产业融合发展加速　深度融合仍需提档加力——浙江省乡村产业融合和乡村数字化调查报告》，《统计科学与实践》2021 年第 12 期。

重道远。

（三）农民的持续增收机制和农村公共服务供给机制亟待健全

从收入结构看，浙江省农民经营性净收入在可支配收入中的比重逐年递减，所占比重从 2011 年的 37.27% 下降至 2021 年的 24.19%，呈现持续下降态势；工资性收入则由 2011 年的 52.62% 提高到 2021 年的 60.81%，对工资性收入的依赖更加突出。但随着中国经济下行压力增大，受经济形势影响最大的工资性收入如何继续提升面临风险挑战。同时，农民的财产性收入占比低，在 2021 年浙江省农村居民人均可支配收入构成中，人均财产净收入仅占 3.1%，其对农民增收的贡献率也只有 4.0%，浙江城乡居民人均财产净收入之比高达 9.02，增加农民财产性收入始终未能破题。农民持续增收的新动能亟待培育。随着农民收入水平提高，对更高水平公共服务的需求持续提升，但浙江省农村基础设施仍然存在短板，教育、医疗、养老、健康等基本公共服务城乡差距依然存在，如何确保农民享受到优质的公共服务是一大难题。

第三节　浙江省全面推进乡村振兴的目标思路

乡村振兴是一项长期的战略任务，最终目标是到 2050 年"乡村全面振兴，农业强、农村美、农民富全面实现"。实现这一目标需要分阶段扎实推进，不能把长期目标短期化。从中期来看，可以把"农业高质高效、乡村宜居宜业、农民富裕富足"作为体现"农业强、农村美、农民富"（以下简称"强美富"）的阶段目标，由此奠定 2035 年全体人民共同富裕迈出坚实步伐的实现基础。从长期看，乡村全面振兴与社会主义现代化强国建成的目标时间对应，应将全面实现"强美富"有机融入 2050 年基本实现全体人民共同富裕的目标中[①]。浙江省全面推

---

① 魏后凯等：《共同富裕视域下乡村振兴的目标演进与推进战略》，《中国经济学人》（China Economist）2022 年第 4 期。

进乡村振兴，要立足国内领先，也要具有国际视野，以创全国示范、争国际一流为方向，将"向全国提供农业农村现代化的浙江样板、向全球提供农业农村现代化的中国模式"设为总目标。分三个阶段渐次推进：到 2025 年，省内有条件地区梯次率先基本实现农业农村现代化①；到 2035 年，全省基本实现高水平农业农村现代化，达到发达国家水平；到 2050 年，全省更高水平推进农业农村现代化，达到发达国家前列水平。为实现这一目标，应树立科学推进理念，找准科学推进路径。

一 抓好"率先建成乡村振兴示范省"主线

全面推进乡村振兴的过程也是促进乡村共同富裕的过程，在乡村振兴中促进共享、以乡村振兴促进乡村共富，是共同富裕视域下乡村振兴的内在要求。"高质量发展建设共同富裕示范区"是党中央、国务院赋予浙江省的一项重大政治任务，是统领浙江省各项工作的总要求。在这一要求下，浙江省应把"全面推进乡村振兴，加快实现农业农村现代化，率先建成乡村振兴示范省"作为一条主线。

（一）率先全面建成高质高效的现代农业

在确保耕地数量和粮食产量稳步增长的基础上，实现粮食等重要农产品供给质量效率双高，现代种业等农业创新能力强，形成粮食主销区保障粮食等重要农产品供给、服务国家粮食安全战略目标的实现模式；建立起健全的现代乡村产业体系，高效生态农业质量效益高，绿色产品价值实现机制完备，形成经济发达地区推进农业高质量发展、提高农业国际竞争力的实现模式。

（二）率先全面建成宜居宜业的和美乡村

实现乡村规划布局优，乡村生态环境好，乡村特色风貌彰显，乡

---

① 据测算，浙江农业农村现代化处于全国第一梯队，有条件在 2025 年前后率先基本实现农业农村现代化。魏后凯等：《共同富裕视域下乡村振兴的目标演进与推进战略》，《中国经济学人》（China Economist）2022 年第 4 期。

村基础设施完善，乡村创业支撑强，乡风文明程度高，乡村治理体系和治理能力现代化，乡村社会安定有序。建成具有浙江气质、中国特色和国际美誉度的和美乡村，形成可复制、可推广的和美乡村建设经验，形成以数字赋能为核心的乡村改造模式。

（三）率先全面实现富裕富足的农民生活

形成促进农民持续增收的动力机制和动能转化机制，形成缩小城乡公共服务差距的体制机制和政策体系。实现城乡居民收入基本均衡，推进城乡基本公共服务均等化，农村全生命周期需求普遍得到高水平满足，农民物质富裕、精神富足、生活美好。

二　走内生型乡村振兴与共享发展道路

浙江省全面推进乡村振兴，要深刻理解中国式现代化的内涵，充分把握新发展阶段、新发展理念、新发展格局，紧紧围绕高质量发展建设共同富裕示范区新使命，从内生增长和成果共享两个方面着力，一方面要激发乡村内生活力，释放乡村增长潜力，推动乡村振兴和整体富裕；另一方面要完善共享机制，促进先富带动后富，并不断提高基本公共服务均等化水平，实现农民生活共富，走出一条内生型乡村振兴与共享发展之路①。

（一）以新发展理念推进乡村经济高质量发展

聚焦产业兴旺，把稳住农业基本盘作为基础要求，以农业农村稳定发展来应对经济社会面临的不稳定因素，树立大食物观，从更好满足人民美好生活需要出发，掌握人民群众食物结构变化趋势，在确保粮食供给的同时，保障肉类、蔬菜、水果、水产品等重要农产品及各类食物有效供给，全面推动乡村经济发展，通过加快现代农业生产体系、现代农业经营体系、现代乡村产业体系"三大体系"建设，构建乡村发展新格局。

---

① 魏后凯等：《共同富裕视域下乡村振兴的目标演进与推进战略》，《中国经济学人》（China Economist）2022 年第 4 期。

（二）主动融入新发展格局开展"三美"乡村建设

坚持乡村振兴为农民而兴、乡村建设为农民而建，统筹生态宜居、乡风文明、治理有效，健全乡村发展、建设、治理机制，激发基层创新实践活力，协同建设宜居乡村、文明乡村、和谐乡村融入新发展格局，打造环境美、乡风美、治理美的"三美"乡村，开辟乡村建设新局面。

（三）全面对接共同富裕打造高品质乡村生活

聚焦生活富裕，把"三农"领域作为高质量发展建设共同富裕示范区的主战场，把提高低收入农户可支配收入和改善山区26县农民生活水平作为重中之重，全面对接共同富裕目标提升农民就业、收入、消费水平，缩小城乡、地区、农民群体间收入差距，擘画乡村生活新图景。

三　以深化改革和机制创新牵引乡村振兴

深化改革和机制创新是浙江省全面推进乡村振兴的动力来源，要突出变革重塑，全面深化农村改革，拓展农村资源要素优化配置通道，破解制约乡村高质量发展、高品质生活的体制机制障碍；深化强村富民乡村集成改革，推动农民农村同步迈向共同富裕；深化数字化改革，聚焦农业农村重点领域和短板弱项，扎实有效推进数字乡村建设，以数字赋能推进浙江省乡村生产方式、生活方式和治理方式变革重塑，撬动乡村共同富裕体制机制创新。

（一）深化农村产权制度改革

深化土地产权制度改革，稳妥开展土地（山地）经营权入股发展农林产业化经营试点；强化土地经营权流转管理和服务，建立健全工商资本通过流转取得土地经营权的资格审查、项目审核和风险防范制度，推广整村整组整畈流转、委托流转，推动适度规模经营。探索宅基地所有权、资格权、使用权分置实现形式，加快推进绍兴等农村宅基地制度改革试点，落实宅基地集体所有权，保障宅基地农户资格权和农民房屋财产权，适度放活宅基地和农民房屋使用权，探索农民房屋财产权更丰富的权能实现形式，在做好房地一体宅基地确权登记等工作并取得法律授权的基础上，有序开展全省域农民住房财产权（含宅基地使用权）抵押贷款试点。制定农村集体经营性建设用地入市管理办法，审慎稳妥推进农村集体经营性建设用地入市，允许村集体在农民自愿前提下，依法把有偿收回的闲置宅基地、废弃的集体公益性建设用地转变为集体经营性建设用地入市。稳步推进农村土地征收制度改革，缩小征地范围，规范征地程序，稳步提高土地出让收入用于农业农村比例。深化农村集体经营性资产股份合作制改革，积极推进农村集体资产股权收益、抵押、担保等权能的实现，建立健全省市县乡村五级联动、互联互通的农村产权流转交易体系；深化"三权到人（户）、权随人（户）走"改革，推进农民市民化权益有偿转让，促进资源变资产、资金变股金、农民变股东。

（二）深化新时代乡村集成改革

围绕现代农业、农村经济、人居环境、乡村治理、农民发展等重要领域和关键环节，每年组织实施一批省级试点，推动数字技术深度嵌入农村改革全过程、各领域，完善改革链条、明确项目清单，实现农村各项改革在政策取向上协同配合、实施过程中相互促进、实际成效上同向叠加。大力实施强村富民乡村集成改革，联动推进"市场化改革＋集体经济""标准地改革＋农业'双强'""宅基地改革＋乡村建设""数字化改革＋强村富民"四套组合拳，以集体经济发展带动农民收入增加、农村公共服务短板补强、乡村治理水平提升，努力打造具有浙江辨识度的农民农村共同富裕标志性成果；研究制定《关于发展"强村公司"壮大集体经济的指导意见》，进一步规范"强村公司"运行；优化资源空间配置，引导各地突破行政区域限制，推进集体经济"飞地抱团"发展；推行片区组团发展，推广淳安县大下姜"1+25"联合体、安吉县余村"1+1+4"两山示范片区等模式，鼓励集体经济组织通过组团、联盟、联合等模式，组建联合体、联合社、示范片区，参与市场经营活动。加快温州、柯桥、海盐、义乌等地的国家级改革试验区试验步伐，拓展改革试点试验项目，支持自主深化改革试验，鼓励开展更多原创性、差异性改革试点。建立健全改革试验成果转化机制、经验总结推广机制、试点监测评估机制。

（三）推进重点领域数字化改革

发展智慧农业，推动数字农业工厂、数字农业基地建设，加大涉农信息服务提供力度，推进农业生产数字化转型，建设"数字农田"、数字牧场、数字渔场、数字植物工厂和数字农业园区。推进农产品加工与流通领域应用系统建设，支持乡村电子商务平台建设，培育和壮大乡村电子商务市场，发展线上线下融合的现代乡村商品流通和服务网络；实施"互联网+"农产品出村进城工程，加快农产品销售物流体系数字化改造，构建完善农产品产供销一体化系统，做大做强"网上农博"。推进教育、医疗、养老等生活性服务业数字化，加强与城市大脑链接应用，创造性探索"一件事"集成协同场景，培育打造一批数字乡村"最佳实践"全省共享共用模式，持续推动公共场所服务大提升，推进公共服务供给创新，完善优质公共服务资源统筹共享机制，推动乡村网络远程教育、医疗等应用普及，促进城乡优质公共资源共享。拓展乡村治理与服务数字化应用场景，促进现代信息技术在政务服务、农村集体资产管理、乡村自然资源和生态环境等领域的综合应用，打造全局"一屏掌控"、政令"一键智达"、服务"一网通办"、监管"一览无余"、执行"一贯到底"的数字化协同工作场景，逐步形成"乡村大脑+产业地图+未来乡村"建设格局，全面提升乡村治理水平。

第四节　浙江省全面推进乡村振兴的重点举措

乡村振兴是一项巨大的系统工程，涉及农村经济、社会、文化以及乡村治理和生态文明建设各个领域①。因此，浙江省要坚持系统观念，按照内生发展和共享发展的要求，推进乡村经济高质量发展、开展"三美"乡村建设、打造高品质乡村生活。

一　贯彻新发展理念推进乡村经济高质量发展

高质量发展是全面建设社会主义现代化国家的首要任务，必须坚持创新、协调、绿色、开放、共享，让创新成为引领发展的第一动力②。浙江省应以新发展理念提升现代农业生产体系、现代农业经营体系和现代乡村产业体系建设，实现乡村经济高质量发展。

（一）打造"创新和绿色"引领的现代农业生产体系

科技是现代农业的根本出路③，同时保持农业发展的可持续性是顺应农业发展转型的必然选择④。因此，浙江省要把提升农业科技创新能力和农业可持续发展能力作为优化提升现代农业生产体系的重中之重，打造科技赋能和可持续发展的现代农业生产体系。

1. 科技创新

聚焦现代农业生物技术、绿色智慧高效生态农业生产技术、农产品质量安全与生命健康三大主攻方向，开展核心技术攻关。建立部省农业科技创新协作机制，推进农业科技创新高能级平台建设，全面推进全国农业科技现代化先行县建设。推进现代种业强省建设，实施现代种业提升工程和良种重大科研联合攻关项目，选育一批突破性高产优质多抗动植物新品种，高质量推进南繁基地建设。实施农业"双强"（科技强农、机械强农）行动，推进农机装备现代化，高质量推进农业"机器换人"，积极推动丘陵山区、特色产业等先进

① 魏后凯：《如何走好新时代乡村振兴之路》，《人民论坛·学术前沿》2018年第3期。

② 高培勇：《理解、把握和推动经济高质量发展》，《经济学动态》2019年第8期。

③ 张红宇等：《中国特色农业现代化：目标定位与改革创新》，《中国农村经济》2015年第1期。

④ 杜志雄、金书秦：《中国农业政策新目标的形成与实现》，《东岳论丛》2016年第2期。

适用机械装备研发应用，提高粮油、果蔬茶菌、畜牧、水产养殖、林业作业等关键环节农机化程度。加快打造数字农业工厂，发展智慧农业，推动水肥一体化、饲喂自动化、环境控制智能化等设施装备技术研发应用，鼓励区块链、大数据、物联网、人工智能等在农业领域的应用与创新。

2. 资源保护

守住耕地面积底线，实施沃土固基行动，严格保护提升 810 万亩粮食生产功能区。全面推行田长制，构建上下贯通、条抓块统、专班联动的耕地保护责任体系和工作机制。按照耕地和永久基本农田、生态保护红线、城镇开发边界的顺序，统筹划定落实"三区三线"。加快建立健全耕地监测监管体制机制，及时对危及耕地数量和质量的"非粮化""非农化"、耕地污染、耕地退化、地力透支、耕地撂荒、耕地破坏等问题进行预警、评价、通报和治理。全域推行"肥药两制"改革，以化肥农药实名制购买和定额制施用改革为牵引，建立健全农业生产全过程闭环追溯体系，全面执行主要作物肥药定额施用标准，重点开展规模主体免费测土配方服务、有机肥和绿色防控产品推广应用。

（二）打造"开放和共享"引领的现代农业经营体系

各类农业经营主体在现代农业不同环节、不同层面创造并扮演着不同角色，正是这些差异化的功能定位和分工，激活了农业发展所需的各种资源要素，推动了传统农业向现代农业的历史性转变[1]。浙江省应着眼于发挥各类农业经营主体的优势，优化提升本省的现代农业经营体系，形成多元主体共享共赢格局。

1. 建立更加开放的农业经营主体生成机制

统筹高素质农民培育计划、农创客培育工程、家庭农场培育计划、农民合作社规范提升行动等各类培育方案，吸引青年人才成为

---

[1]　张红宇：《中国现代农业经营体系的制度特征与发展取向》，《中国农村经济》2018 年第 1 期。

新型农业经营主体带头人，提升经营主体的经营管理水平。支持小农户发展成为家庭农场和农民合作社带头人；支持家庭农场领办创办合作社，开展统一生产经营服务；推动农民合作社办公司，整合资源要素、延长产业链条、提升经营效益。

2. 促进新型农业经营主体和小农户形成发展共同体

推动同一类型新型农业经营主体内部的整合，鼓励农民专业合作社在一定范围内联合形成合作联社，家庭农场之间形成发展联盟，农业企业组建行业协会；促进不同类型新型农业经营主体和小农户之间的合作，推动新型经营主体与小农户建立优势互补、分工合作、风险共担、利益共享的联结机制，鼓励小农户利用实物、土地经营权、林权等作价参股加入农民合作社，引导经营主体以股份合作、保底收益+按股分红、订单农业等形式带动小农户发展。开展全产业全过程全链条农业服务，科学布局区域性农业全产业链综合服务中心，培育发展带农作用突出的农业产业化联合体。

（三）打造"协调和共享"引领的现代乡村产业体系

现代乡村产业体系的"现代"特征体现在完善的现代产业组织体系、先进的生产要素投入、高效的市场化运作、合理的产业布局和多元化的产业功能，应该采取多维立体式的路径，通过结构优化、功能拓展、链条延伸、产业融合等方式加以构建[①]。浙江省要通过全方位改善提升农业产业的发展方式，形成特色鲜明、兴旺发达、优质高效、竞争力强的现代乡村产业体系。

1. 推进乡村产业的产品服务供给与需求相协调

建立以需求为导向的乡村产业发展逻辑，在推动乡村产业发展形成的产品服务更好地适应动态变化的消费需求、充分实现乡村产品服务的市场价值方面下功夫。通过供应链、互联网、冷链物流服务网络等向农村下沉或延伸，扩大乡村产品服务的流通半径，为好

---

① 曹慧等：《现代农业产业体系建设路径研究》，《华中农业大学学报》（社会科学版）2017 年第 2 期。

产品和好服务与更广泛的消费者结合创造条件，实现乡村产品服务的市场空间扩张和价值增值。既要建设产业长链，把远距离的乡村产品运到城市以满足城市居民的需求，也要建立产业短链，把城市居民吸引到当地，消费不宜长途运输的特色农产品及乡村休闲服务。

2. 从业态和空间两个维度促进乡村产业融合发展

充分拓展和挖掘农村的生产、生态、生活、文化、休闲等多种价值和功能，实施"农业＋"行动，促进现代种养业、乡土特色产业、农产品加工流通业、休闲旅游业、乡村新型服务业、乡村信息产业等业态百花齐放和多元融合。科学布局城乡生产空间，搭建城乡产业协同发展平台，完善城乡产业融合和利益分享机制，推动城乡要素跨界配置和产业有机融合，通过科技下乡改造提升乡村传统农业，利用城市工业延长乡村产业链条，借助数字产业丰富乡村产业业态，促进产村融合、产城融合发展，让乡村产业真正融入现代化的产业体系，推动乡村共享发展。

3. 探索以县域为载体的乡村产业振兴机制

把县城建设成产业集聚中心，大力发展县域范围内比较优势明显、带动农业农村能力强、就业容量大的产业，在推进乡村产业"一县一平台"的基础上，形成"一县一业"发展格局，立足县域推进农业全产业链发展，强化特色农产品产地初加工和精深加工，加快建设城乡一体的冷链物流体系，构建起农民稳定分享产业增值收益的利益联结机制；把乡镇打造成县域产业发展副中心，探索围绕县域内有产业基础的乡镇开展中心镇建设，加快产业提档升级，将乡镇特色产业培育成县域支柱产业。

二 主动融入新发展格局开展"三美"乡村建设

新发展格局的提出，意味着中国要充分利用大国在资源禀赋、市场容量等方面的优势，以国内经济大循环为主、国内国际相互促进推进经济现代化进程①。在新发展格局中，乡村在经济发展中的地位和功能得到进一步凸显，推进乡村空间变革与再生产符合乡村振兴规律②。浙江省要通过协同建设宜居乡村、文明乡村、和谐乡村，打造环境美、乡风美、治理美的"三美"乡村，充分发挥中国超大规模市场优势，主动融入新发展格局。

（一）打造设施全、环境优、服务好的宜居乡村

乡村社会运行的主要载体是人，可持续发展的保障条件是人的发展得到平等保障，否则农村社会留不住人，因此必须坚持改善农村民生，保障公共服务供给，促进人的发展机会实现平等③。浙江省要以城乡公共资源配置均衡化和城乡基本公共服务均等化为指向，科学确定乡村公共基础设施配置和基本公共服务标准，打造设施全、环境优、服务好的宜居乡村。

1. 完善农村基础设施建设

以城乡统筹为前提，推进城乡基础设施同规同网，健全城乡基础设施统一规划、统一建设、统一管护机制。继续把公共基础设施建设重点放在农村，推进城乡交通、能源、水利、市政等基础设施共建共享，加强城乡交通一体化示范创建，完善农村饮水县级统管体制机制，推动城乡同质化供水。推动新基建在城乡同步规划、合理布局，加快数字乡村建设。

2. 高水平提升农村人居环境

根据不同地貌特征、社会经济条件、居住特点等因素确定具体的人居环境提升方式。深化农村"三大革命"，大力推进农村生活垃圾环境"三化"处理，高水平推进卫生村镇建设，全面普及无害化卫

① 黄群慧：《新发展格局的理论逻辑、战略内涵与政策体系——基于经济现代化的视角》，《经济研究》2021年第4期。

② 杨俏丽、王政武：《新发展格局下推进乡村全面振兴的空间维度》，《人文岭南》2021年第119期。

③ 李实等：《共同富裕路上的乡村振兴：问题、挑战与建议》，《兰州大学学报》（社会科学版）2021年第3期。

生户厕，扎实推进城乡环卫一体化管理。持续深化"千万工程"，推进乡村风貌微改造，全域建设新时代美丽乡村。开展未来乡村建设试点，迭代打造美丽乡村。让乡村成为彰显生态文明的重要载体，成为城市居民向往的梦想田园。

3. 健全基本公共服务供给

聚焦人的全生命周期需求普遍得到更高水平满足，建立健全与人口规模、村庄分布等相适应的公共服务核心功能标准化体系，由项目化建设向标准化建设转变。以正在进行的城乡融合发展试验区改革为契机，探索县域城乡基本公共服务均等化实现机制。强化县城综合服务能力，推动教育、医疗卫生等公共服务资源在县域内实现优化配置。实施义务教育薄弱环节改善与能力提升项目，支持建设城乡教育共同体。全域推进健康村镇建设，提升县级疾病预防控制机构应对突发公共卫生事件能力。健全县镇村衔接的三级养老服务网络，发展普惠婴幼儿照护服务体系。

（二）打造农民主体参与、全民共享的文明乡村

乡风文明建设与"激发内生动力"是相辅相成的[①]。浙江省要坚持以农民为中心的乡风文明建设，充分调动农民的主动性、积极性，充分发挥农民的主体作用，让他们真正参与乡风文明建设的全过程。

1. 强化农民现代化意识和综合素养，激发农民的主体观念

加强对农民社会主义核心价值观、现代生活和健康知识的普及与宣传教育，倡导农民养成健康理性的生活方式与行为方式，让农民从日常生活中养成积极心态和健康体魄；推进农村社会文明事业，提升农民自我学习与进步意识，强化农民参与职业技能培训的意愿，夯实农民现代化的素质基础；加强对农民的普法教育及对相关法律知识的宣讲力度，强化农民作为现代公民所具有的权利意识和义务担当，加速形成现代化的政治参与观念和行为模式；健全农村文化

---

① 周飞舟：《从脱贫攻坚到乡村振兴：迈向"家国一体"的国家与农民关系》，《社会学研究》2021年第6期。

培训机制，加速农民思想观念转变，全面提升农民的文化素质。

2. 促进城乡文化价值认同和有效互哺，实现城乡文化和谐共生

乡村是全民的乡村，在城乡融合发展背景下，城乡文化之间的相互关联和相互影响是构建文明乡村的基本前提，不能割裂地建设文明乡村。既要把乡村特色民俗文化与文明成果向城市居民展示，为城市提供鲜活的文化资源，也要推动城市文化下乡，使更多农民欣赏与吸纳城市文明成果，作为推进农村移风易俗的重要路径；通过繁荣乡村优秀文化，挖掘反映乡村地域风貌、民族风情、乡土礼俗等特色文化资源，让乡村文明更好地融入城乡文明之中，同时进城农民在接受城市现代价值观念后，有利于实现带着文化下乡，不断拓展城乡共同认可的文化空间。

（三）打造具有现代化治理能力的和谐乡村

做好乡村治理工作责任重大，它的紧迫任务是为乡村振兴提供重要保障，最终目标是要在乡村建立良好稳定的社会秩序，要能够建立治理框架、完善治理体系、创新治理机制①。浙江省要健全党委领导、政府负责、民主协商、社会协同、公众参与、法治保障、科技支撑的现代乡村治理机制。

1. 深入推进自治法治德治智治"四治融合"

健全党领导的村民自治形式，规范村级组织工作事务，形成民事民议、民事民办、民事民管的多层次基层协商格局。全面推行乡村治理"积分制""清单制"等形式。深入开展省级民主法治村创建，落实一村一法律顾问制度。实施德治建设工程，持续开展文明村镇、文明家庭、星级文明户、最美家庭、五好家庭等评选。

2. 加强数字化、智慧化治理支撑

推动各类社会治理数字系统平台集成并向乡村延伸，强化"基层治理四平台"运行管理，深化"全科网格"建设，提升乡村管理

---

① 秦中春：《乡村振兴背景下乡村治理的目标与实现途径》，《管理世界》2020 年第 2 期。

服务集成化精细化水平。依托省一体化在线政务服务平台（"浙里办"），推动政务服务"一网通办"改革成效向乡镇（街道）、村（社区）延伸。建立集体三资"云管理"、党务村务财务"云公开"、村干部"云监督"乡村数字治理体系。推进"村民说事""村民议事"上线，建立打破时空的乡村治理机制。

三 全面对接共同富裕打造高品质乡村生活

共同富裕的实质是在中国特色社会主义制度保障下，全体人民共创日益发达、领先世界的生产力水平，共享日益幸福而美好的生活①。浙江省要在农民就业扩容、收入提升、消费提质上做大文章，尽快实现农村居民与城镇居民收入和消费水平大体处于同等水平。

（一）推进农民实现高质量就业创业

浙江省要建立健全与城乡产业人才需求相匹配的公共就业服务体系，紧盯城市产业的务工需求和乡村产业的发展需要，按照"提能力、增就业、促创业"的思路，全面提升农村劳动力职业技能和公共就业服务水平，提高农村劳动力和各类产业项目就业岗位需求的匹配度，减少就业创业成本。

1. 加快构建农民经营管理技能培训体系

大力培育有文化、懂技术、善经营、会管理，适应现代农业农村高质量发展需要的高素质农民队伍，立足各地主导产业，聚焦本地乡村振兴和现代化农业发展人才需求，围绕现代农业生产经营、现代农艺技术、化肥农药减量增效和农畜产品质量安全等多个方面展开系统培训，积极创新培训模式，采取与第三方培训学校、培训机构合作等方式进行理论和实践教学。

2. 促进城乡地区公共就业服务一体化

构建普惠共享、城乡一体的市、区、街（乡镇）、社区（村）四

---

① 刘培林等：《共同富裕的内涵、实现路径与测度方法》，《管理世界》2021年第8期。

级公共就业服务体系，对公共就业服务体系、服务项目、服务标准、核心业务流程、服务信息化平台等提出一体化建设要求，依托统一的信息化平台，推动公共就业服务优质资源城乡共享。培育壮大"衢州保姆""云和师傅""缙云师傅"等劳务输出品牌，提升农村劳动力转移就业竞争力。扎实推进农民工入会工作，打造浙江网上农民工之家。

3. 完善乡村创业服务体系

实施农村创业创新带头人培育，组建乡村创业创新导师队伍，完善乡村企业家培训体系，加快壮大新一代乡村企业家队伍和农村职业经理人。进一步提高农村创新创业环境，加大返乡下乡创业的政策支持力度，降低农村创业者小额无息贷款门槛，对在乡村开办农产品加工、农业科技服务、农村电商等吸纳就业多、带动农户增收强的中小微企业，在其初创期实行税收优惠或减免政策。

（二）促进农民收入持续普遍较快增长

生活富裕的核心是农民增收问题，随着发展阶段和国内环境的变化，目前支撑农民增收的务农、务工这两大传统动力已经逐渐减弱，而转移净收入也将会受到"天花板"的制约，未来农民增收的难度日益加大，从乡村振兴和可持续发展的角度看，农民增收的源泉应该来自于农业和农村[1]。浙江省要建立农业农村导向型的农民稳定增收机制，以促进转移就业、创新生产经营、深化制度改革和强化政策支撑为重点，普遍提升农民收入水平。

1. 实施富民行动和强村惠民行动

高质量推进生态精品农业发展，优先支持建设现代农业园区，特色农业强镇，农村第一、第二、第三产业融合示范区，推进省级农业产业化联合体全覆盖；因地制宜推广稻耳轮作、稻鱼共生、粮药轮种等生产模式；大力发展山区林下经济，启动实施"千村万元"

---

① 魏后凯：《如何走好新时代乡村振兴之路》，《人民论坛·学术前沿》2018年第3期。

林下经济增收帮促工程；打响诗画浙江大花园最美核心区品牌，实施旅游业"微改造、精提升"行动计划，推进4A级旅游景区、省级全域旅游示范县全覆盖。支持组建县域强村公司，积极探索党组织领导、公司化经营、经理人运作、老百姓受惠的经营机制。支持村级集体经济组织以自主开发、合资合作、投资入股等方式，盘活农村集体资源资产；强化村级集体经济富民惠民功能，积极发挥支持带动低收入农户增收和推动养老、救助等公共服务普及普惠的作用。

2. 提升农村重点人群的收入水平

完善山区、海岛县"一县一策"帮扶机制，支持国家和省级革命老区乡村振兴示范区建设，发挥新型帮共体作用，健全社会资本、公益组织开放式共同帮促的激励机制。保持帮促政策稳定性和连续性，统筹开展产业、就业、金融等帮促。大力开发乡村公益性岗位，探索发展劳务合作社，承接农业农村基础设施建设、住房改善等工程项目。深入推进易地搬迁帮促，做好后续帮促。扩大财政帮促资金折股量化等试点，促进更多低收入农户向"股东"转变。

（三）全面改善农村居民消费质量

保障农民持续稳定增收是促进农村消费的战略重心，完善农村社会保障体系是促进农村消费的基础保障，在提高农民消费能力的前提下，要进一步向农村提供更多样化、更高品质的产品服务和更便利的购买渠道。

1. 实施农村消费促进行动

顺应农村消费梯次升级需要，鼓励和支持消费新业态新模式向农村市场拓展，引导快销、食品、日化、金融、保险等企业开发适合农村消费的产品和服务，培育农村消费热点。实施家居家装下乡补贴，开展汽车下乡、电器下乡等活动，稳定和扩大农村汽车消费。鼓励向农村中低收入群体发放电商消费券、商超消费券、餐饮消费券、家电消费券、出行消费券等。拓展发展代收代缴、代买代卖、小额信贷等服务，提升便民化服务水平。大力整治规范农村市场秩序，依法严厉打击假冒伪劣、价格欺诈等违法行为。

2. 畅通农村消费渠道

加快建设农村寄递物流体系，将农村寄递物流基础设施作为城乡基础设施一体化建设的重要内容。实施快递"两进一出"进村工程、电子商务进村综合示范工程。推进快递进村服务和电商配送行政村全覆盖，优先在人口集中居住程度较高的农村实现快递到家。优化县城超市、乡镇商贸综合体、村综合服务社布局，大力推进省级现代商贸特色镇、商贸发展示范村创建，加强乡村小集市、小门店、小菜场等标准化建设。支持建设农民消费服务综合体，引导大型商超和电商平台向农村延伸。适应农村人口老龄化趋势，完善农村的零售终端，创新农村的零售供给模式，为老年消费群体提供更优质便捷的服务。

第七章　联村发展与未来乡村的
　　　　　先行探索

城乡融合和区域协调是高质量发展的重要内容。党的二十大报告明确提出"高质量发展是全面建设社会主义现代化国家的首要任务"，强调要"着力推进城乡融合和区域协调发展"。[①] 城乡融合和区域协调的重点是农村，难点是在缩小城乡收入差距的过程中提升农村全面发展水平。近年来，浙江省在高质量发展建设共同富裕示范区中，率先探索联村发展和未来乡村建设，形成了加快农村全面发展的有效机制，使农村综合发展水平走在全国前列，成为打造城乡区域协调发展引领区、加快推进全域共富的现代化的突出亮点，为其他地区积累了有益经验，发挥了示范和引领作用。2021 年，浙江省农村居民人均可支配收入达到 35247 元，农村居民收入已经连续 37 年位居全国省区第一，98.8% 的行政村集体经济总收入达到 20 万元，且经营性收入达到 10 万元以上。[②]

第一节　联村发展和未来乡村内涵

行政村或自然村是农民农村共同富裕的基本区域单元。以共同富

裕为导向，推动乡村全面振兴，激活内生发展活力，需要按照要素配置规律，找准不同要素的空间载体，实现要素的跨区域流动。联村发展和未来乡村建设都是浙江省在建设共同富裕现代化单元方面的先行探索。

一　联村发展

"联村发展"是跨村联合发展的简称，是不同行政村之间或行政村与其他行政区域单元通过多形式、多方面的合作，建立联合关系、实现共同发展的机制统称。联村发展的实质是建立乡村发展共同体或乡村振兴联合体。联村发展的必要性来自村庄分化。村庄分化主要是村庄经济发展的分化，包括收入、集体资产规模和收益、产业发展水平等方面。村庄分化，特别是村庄发展差距过大，不利于农村稳定，加大了农村治理难度，不利于推进农民农村共同富裕。随着农村改革发展的不断深入，过去长期形成的村庄各自为战的单村发展模式日益面临资源、资金、人才、市场、经营能力等多重制约。在迈向共同富裕的新形势下，亟须打破各自为战的单村发展格局，加快推进跨村联合发展，加大力度盘活农村集体资产，发展壮大集体经济，着力增强乡镇级集体经济实力，提升农村集体经济"统"的层级，充分发挥农村集体经济在促进共同富裕中的重要作用，实现农村体制变革由低水平集体化向高水平集体化的"二次飞跃"，为新发展阶段促进农民农村共同富裕奠定坚实的制度基础。[①] 目前，中国农村地区已整体具备加快推进跨村联合发展的基本条件。

联村发展是区域经济单元演变的重要趋势。区域联合发展是区域经济单元演变的重要趋势。行政村作为乡村治理的基本单元，也是经济发展的基本单元。但资源、要素、产业的布局往往超过行政村，并跨越行政村进行配置。这是跨村联合发展的重要基础。在城乡发

---

① 魏后凯：《推进联村发展破解村庄分化》，《中国经济时报》2022 年 3 月 11 日第 4 版。

展日益分化的过程中，乡村内部也出现了明显分化，区位条件、资源禀赋好的村庄迅速发展起来成为强村，区位条件、资源禀赋差的村庄发展逐步滞后成为弱村。这种分化给推动乡村全面振兴，促进农民农村共同富裕带来了艰巨挑战。村庄分化过程中，在市场驱动下，部分村庄逐步走向联合，通过强强联合、以强带弱等实现了共同发展。各地采取乡镇级统筹、跨村统筹、项目统筹等形式，推进跨村联营联建、强村带弱村，提高集体经济"统"的层次，取得了显著成效。各村把同类资源聚合起来、互补资源联合起来发展集体经济，形成的以共同富裕为目标的"抱团发展"模式，成为农村集体经济发展壮大的重要组织形式。①

二　未来乡村

未来乡村是指按照预定目标设想的未来乡村发展场景，反映了美好生活愿景。未来乡村包括未来邻里、现代产业、公共服务、乡村文化、特色风貌、绿色低碳、乡村善治等场景。未来乡村一般以村庄为基本单元，根据不同参照系呈现不同的发展场景。未来乡村的参照系有四个维度：一是参照农村居民的美好生活愿景；二是参照地域特色预设未来发展场景；三是参照不同时间点的发展目标预设场景；四是参照发达国家或先进地区的乡村发展状态预设场景。地域特色是由发展基础和资源禀赋决定的。不同时间点的发展目标与实施乡村振兴战略加快农业农村现代化的阶段性目标相一致。发达国家或先进地区的乡村发展状态则为预设未来场景提供了现实参照。因此，未来乡村在场景上是动态变化的，随着发展水平的提高而提升。

未来乡村建设是以预设的未来乡村场景对比乡村建设的现实基础，按照"填平补齐"的思路确定乡村建设内容，使乡村发展状态

---

①　郝文强等：《抱团发展：共同富裕视阈下农村集体经济的模式创新——来自浙北桐乡市的经验》，《农业经济问题》2022年第8期。

朝着未来乡村场景演变。这是乡村建设理念的重大转变和重要创新。一直以来，乡村建设以缩小城乡差距为导向，以发达国家或先进地区为标准，进行补漏式、导入式基础设施改善、公共服务提升、生活环境改造，难以弥合迅速扩大的农村居民美好生活愿景内含的现实与需要的缺口。乡村建设聚焦的是基层组织、基础设施、公共服务和主导产业、主体风貌、主题文化，要破题的是乡村的根基、功能、生活、活力、形象和内涵等问题，需要用"未来"的理念打通规划、建设、治理、经营、服务全链条，形成乡村可持续的生命力。以未来乡村为导向，直接瞄准农村居民的美好生活愿景，推进乡村建设，有助于摆脱外生导入式建设的思维局限和脱节问题，将乡村建设转变为乡村发展的内生过程，以乡村建设的前瞻性、引领性驱动乡村全面振兴。党的二十大报告强调要"建设宜居宜业和美乡村"[①]。和美乡村呈现就是农村居民美好生活愿望得到满足时的一种发展状态，既要有美丽宜居的村容村貌，更要有昂扬向上的精神风貌、乡愁可寄的人文气息。未来乡村体现的价值核心就是和美乡村。

第二节　浙江省推动联村发展的创新实践

浙江省探索跨村联合发展，创新联村发展机制，优化农村共同富裕基本单元，推动了农村集体经济迅速发展，激发了乡村振兴内生动力，为全国打造了集体经济促进共同富裕的生动样本。虽然，浙江省未明确提出支持跨村联合发展，但在推动城乡区域协调和乡村全面振兴的举措中体现了联村发展理念。联村发展较早出现在"飞地抱团"和探索集体经济实现形式的改革措施中。早期的探索中，浙江省各市县鼓励突破镇域、村域限制，跨区域实施集体经济发展

---

① 习近平：《高举中国特色社会主义伟大旗帜　为全面建设社会主义现代化国家而团结奋斗——在中国共产党第二十次全国代表大会上的报告》，人民出版社 2022 年版，第 31 页。

项目，形成了村村联合、村企联合、山海协作、单位包村等发展模式[①]。2017 年，浙江省第十四次党代会提出，充分发挥山海并利优势，着力打造"山海协作工程"升级版，支持"飞地"经济发展，不断增强山区和革命老区自我发展能力。《浙江高质量发展建设共同富裕示范区实施方案（2021—2025 年）》明确提出，健全村级集体经济收入增长长效机制，组建强村公司，完善"飞地抱团"机制，"以全面推进全域党建联盟为牵引，推广'大下姜'乡村联合体共富模式，推进乡村片区化、组团式发展，探索党建统领先富带后富实现共同富裕的机制和路径"[②]。目前，浙江省已经形成了较为成熟的三种联村发展模式。

一　以党建引领片区组团化发展

党建引领是推动乡村共富的重要路径。农村基层党组织是农村发展的领导核心。以党建联合推动组织融合，是发挥组织优势推动跨村联合发展的有效形式。浙江省各市县积极探索农村基层党组织联建形式，以组织共建为纽带，打破地域限制、格局制约、要素壁垒，聚焦乡村振兴联合体、产业发展相近村、重点项目所在村等，采取先带后、大带小、强带弱等联建方式，推动乡村片区化组团式发展。近年来，台州市一直按照"党建总牵引、片区带全域、组团促共富"思路，全域推广党建联盟工作，分类建立多种形式的党建联盟，通过整合资源、统筹规划、共建品牌、错位发展。目前，建立区域统筹、产业融合、多方联动的区域"党建联盟"341 个，引领带动

---

① 屠霁霞：《抱团发展模式促进农村集体经济发展——基于浙江的经验分析》，《河南社会科学》2021 年第 1 期。
② 《浙江高质量发展建设共同富裕示范区实施方案（2021—2025 年）》，浙江省人民政府网站，https：//www.zj.gov.cn/art/2021/7/19/art_1552628_59122844.html.

2088 个行政村组团发展①。2021 年 4 月，台州市提出按照"片区带全域，组团促互补"思路，以党建联盟为抓手，以示范村为龙头，以产业为核心，打破行政区划界限，通过组织联建、事务联商、规划联定、产业联兴、治理联抓，打造区域统筹、产业融合、多方联动的区域党建共同体，推动党建引领乡村振兴由"串点成线"迈入"强片拓面"新阶段，形成"全面推进、特色鲜明、系统提升"的乡村发展治理新格局②。慈溪市也通过党建联盟推动党建引领乡村片区组团发展。慈溪市提出以打造党建统领的整体智治、高效协同体系为路径，以项目化运营为主线，推动具有互补互促互联互动条件的村，通过党建引领、片区组团，形成"三美"融合、共同富裕的乡村高质量发展联合体③。到 2021 年年底，慈溪市集体经济总收入 100 万元以下、年经营性收入 20 万元以下村实现清零，年经营性收入 50 万元以上的村占比超过 88%④。可见，党建联盟引领片区组团发展促共富模式在全国具有推广价值。综合浙江省各市县探索实践，党建引领片区组团化发展的特征主要是以组织振兴为核心，通过组织联建、规划衔接、资源共享、产业联动、治理共商推动实现乡村片区组团化发展。

（一）组织联建

有联合需求、地域关联或发展纽带的各行政村，不改变原有属性、组织架构，以示范村、园区、特色小镇等的党组织为牵头建立片区联合党组织，统筹整合片区内各类党建资源。片区联合党组织

① 台州市发展和改革委员会：《台州市聚力推动全域党建联盟引领乡村走实共富路》，台州市人民政府网站，http：//www. zjtz. gov. cn/art/2022/7/7/art_1229656073_59060625. html.

② 参见《中共台州市委组织部关于党建联盟引领片区化组团发展推动乡村振兴的实施意见》（台组通〔2021〕21 号）。

③ 参见《中共慈溪市委关于加强党建引领高质量推进乡村片区组团发展的实施意见》（慈党〔2021〕5 号）。

④ 《慈溪出台新政高质量发展村级集体经济》，宁波市人民政府网站，http：//www. ningbo. gov. cn/art/2022/4/26/art_1229099769_59426335. html.

带头人以内部选拔、优秀人才回请、跨村任职等方式选任，片区确无合适人选的采取从机关企事业单位选派等方式。片区联合党组织采取以老带新、以强带弱、以先进带后进的形式，开展片区各基层党组织结对帮带活动。片区联合党组织切实发挥牵头协调和政治引领作用，推动产业集聚、资源互补、服务统筹、治理联动、项目共建、"飞地抱团"，实现片区组团共富发展。

（二）规划衔接

片区党建联盟或联合党组织成立后，组织编制片区全域发展规划，统筹确定片区功能定位、空间结构、产业布局、用地规模等，统筹考虑基础设置、公共服务设施共建共享，优化乡村资源整体配置。同时，以联合党组织为牵头，坚持"村尽其用、各展所长、共建共享"，通盘考虑土地利用、产业发展、片区村庄布局、人居环境整治、生态保护和历史文化传承，修编"多规合一"的实用性村庄规划，分片区编制发展规划，统筹布局交通网络、重要公共服务设施和产业发展，在规划上实现区域统筹衔接。

（三）资源共享

以组团片区为共同富裕新单元，提升基础设施和公共服务共建共享水平。把公共设施建设重点放在组团片区，推进基础设施配套均衡化和共享化，建立片区基础设施一体化管护机制。推进片区公共服务集约化，加快养老、教育、医疗、健康、文化、体育、公共交通等融合发展，构建线上线下相结合的片区便民服务体系。

（四）产业联兴

产业共同发展是片区组团的核心内容。联合党组织着重发挥组织协调职能，突出因村制宜，优化产业布局，构建"龙头村+产业+配套服务"体系，采取契约、分红、股权等合作机制，通过"飞地"置业、抱团置业、精准扶助、投资入股、闲置盘活等方式，推进项目统筹、联建开发、组团经营。依托片区特色优势资源，整合盘活区域资源，共同打造品牌，补强产业链条，发展新型业态，推进差异化、集约化发展，切实增强片区产业竞争力。积极构建片区利益联结机制，形成片区龙头企业引领、农民合作社和家庭农场跟进、广大小农户参与的片区产业化联合体。

（五）治理共商

共治是片区组团可持续的关键所在。依托片区党组织，建立联席会议等议事协调机制，在各村层级、资产属性和财务核算"三不变"的基础上，实行"大事共议、实事共办、急事共商、难事共解"，协调解决片区重大问题，协同推进片区重大事项。综合考虑村庄之间的历史沿革、人缘关系，充分尊重党员村民组团意愿，建立平等参与、互信互惠的组团合作关系，通过开展丰富多样的活动促进组织融合、利益共享，增强区域文化认同感。

二　以强村公司实现跨村联合发展

联村发展面临的体制机制障碍是传统集体经济组织不能作为完全的市场主体参与市场经营活动，不能和市场主体建立可持续的合作关系。浙江省各市县在探索农村集体产权制度改革过程中，采取在县、乡（镇）、村不同层级成立强村公司的做法，盘活集体资源资产，进行区域集体资产整合利用，激发了集体经济发展动能，有效推进了跨村联合发展。2013 年，浙江省丽水市庆元县整合各类资金设立"农村集体经济发展基金"，构建了"强村公司"雏形。随后，浙江省丽水市龙泉市、云和县和景宁县等先后依托试点乡镇（村），地方国资部门和金融机构对"强村公司"的架构组成、运营模式和利润分配方式开展了探索。2017 年丽水市开始以"市场化运作"为切入点，将"强村公司"打造成兼具社会性和公益性的市场企业，到 2019 年年底已成立县级"强村公司"12 家，乡镇"强村公司"176 家，2496 个行政村股份经济合作社成为各级"强村公司"的股东。2021 年，丽水市强村公司资产总额达 3.18 亿元，实现盈利2.25 亿元，实现分红 1.47 亿元，确定跨市"飞地"项目 14 个，总投资 8.17 亿元，覆盖行政村 1491 个，年回报约 0.83 亿元①。目前，"强村公司"已经成为浙江省各地发展新型集体经济的重要模式。到 2021 年年底，浙江省已成立各级强村公司 1347 家，2021 年 16.85 亿元总利润，实施"飞地抱团"项目 1055 个，村级集体经济年回报 19.62 亿元，村均 15.38 万元②。

"强村公司"依据《中华人民共和国公司法》《中华人民共和国公司登记管理条例》注册登记、制定章程，是具有独立法人地位的市场主体，由村集体经济组织独资、多村联合投资、国有资本投资和村集体经济组织控股联合投资等形式组建，主要开展资产管理、实业投资、能源工程、物业管理和房屋租赁等领域的生产经营。"强村公司"资产主要来源为村集体筹资购买、政府补助等，达到一定规模实力、规范运营的聘用职业经理人开展市场化、专业化运营。浙江各地的"强村公司"，叫法不一，如有的叫"集体经济发展有限公司"，在运营和监管机制上略有差异，但基本上形成了一套一致的规范运营制度架构（见表 7-1），以市场化方式促进集体经济从"保底型"向"发展型"根本转变。

表 7-1　　　　　　　　　村级"强村公司"运营制度架构

框架	制度
组建	依照《中华人民共和国公司法》向登记机关申请设立登记，以村集体经济组织独资、多村联合投资、国有资本投资和村集体经济组织控股联合投资等形式组建
管理	设立董事会、监事会，人数根据业务需要确定，成员由党组织提出建议人选，按公司法规定任免。原则上退职村干部不能担任管理人员。村干部兼职的，不得领取工资报酬补贴，纳入村干部绩效考核

① 《推动既有成果不断向纵深发展 丽水"四业并举"推进村级集体经济巩固提升》，丽水市政府门户网站，http://www.lishui.gov.cn/art/2022/2/22/art_1229218389_57332012.html.

② 《"强村公司"蹚出乡村振兴新路》，法治网，http://www.legaldaily.com.cn/Village_ruled_by_law/content/2022-09/22/content_8784372.htm；《9 个社区合办 1 家公司这事靠谱吗？》，浙江新闻，https://zj.zjol.com.cn/news.html?id=1927808.

续表

框架	制度
运行	建立"三重一大"事项议事规则。由乡镇党委政府抽调专人联系负责管理运行。重大决策须经投资组建公司的村集体经济组织成员大会或成员代表大会通过后,报镇党委政府强村公司领导小组商量同意后实施。建立公司运行负面清单。财务委托乡镇"三资"监督管理办公室代理。只能开设一个基本存款账户,开设一般账户须经董事会、监事会同意,纳入"三资"监督管理办公室管理。不得列支非生产性开支。根据业务需要可以融资,融资成本不得高于银行基准利率,资金不得移作他用,不得为任何组织和个人提供担保。推行资金收付"非现金"结算,按月编制财务报表,年度出具财务报告。年度利润分配方案由董事会决定,报乡镇备案并公示
监管	乡镇是强村公司的监管主体。强村公司经营活动同时接受乡镇、村集体经济组织的监管,接受纪检监察组织的监督和区委巡察办的延伸巡察。财务纳入对村集体经济组织审计范围
处置	合并、分立、解散、注册资本增减、大额资金运作、发行债券和章程修订等事项,纳入"三重一大"事项议事规则范围。股东退出按章程约定执行,未约定的按《公司法》执行,出现资不抵债等符合法律规定的破产条件的按照《破产法》处理

资料来源:笔者根据湖州市南浔区全面推进乡村振兴战略领导小组《关于规范南浔区强村公司运行的指导意见(试行)》(浔乡振组〔2020〕1号)相关内容整理。

(一) 以独立的村集体经济公司为主体,开展联合合作、协作配合,实现区域共同发展

湖州市南浔区 2015 年成立第一家强村公司,2019 年在全区推行强村公司,走出了一条让村村入股、村村受益的集体经济发展之路。南浔区以实力较强的村为龙头,通过村自办、村企联办、多村组团等形式组建强村公司,推行强村带弱村,聚合若干个实力较弱的村,并在分红上适当向欠发达村倾斜。如练市镇西堡村带动周边 23 个村组建练美农业公司,投资 1500 万元建设 530 亩"红美人"柑橘体验种植基地及 7 亩冷链物流仓储项目,2021 年实现收入 590 万元。

强村公司成立后,各村以土地、资金等形式入股,通过发展统一规划、资源联动开发、项目共同建设、政策集中扶持、人才共享使用,破解各村收入渠道单一、发展活力不足、人才匮乏、发展思路不清、发展动力缺失等问题,带动村产规模化、产业化发展,促进

集体经济增收，实现"村村成股东、村村有分红、人人能获益"。2021年，全区26家强村公司实现经营性利润4692.65万元，为每个行政村平均增收22.5万元，已全面消除集体经济经营性收入60万元以下的欠发达村，村均经营性收入达到140万元。2022年，南浔区将"强村富民公司"迭代升级为"强村富民集团"，推行"集团化实施、共享化运营"模式，持续提升集体经济发展能力①。

（二）县级或乡镇成立强村公司，以资本为载体、组织为纽带、项目为契机，形成跨村联合机制

温州市瓯海区通过实体化运行强村公司（瓯海强村实业发展有限公司），发挥村集体经济主体作用和自身优势，促进薄弱村摆脱地域资源束缚，实现村集体经济多元化发展。瓯海区农商银行派遣专业化高层次经营性人才挂职强村公司，负责整体运营，以提升强村公司经营能力。2018年，瓯海区强村公司以8300万元的价格招拍挂取得一块近40亩的工业园区土地开发经营权，建成了强村发展小微园，年均企业入驻率95%以上，年均租金收入750万元以上。瓯海区强村公司整合农村闲散土地，流转2000多亩发展水稻种植、农旅观光、农产品加工等农业项目。同时，开展农业延伸建设项目，中标"瓯海学生劳动教育实践基地项目"，开学季入园数达4万人次/年，实现年净利润80万元以上；购置价值100万元的植保无人机，轮式、履带式拖拉机，收割机和插秧机等，提供水稻全流程机械化服务；不断开拓业务范围，开展图文服务项目，承接美丽田园建设项目，开展物业运营项目。瓯海区强村公司按照各村持股比例进行分红。2016年到2019年村均分红从5万元增加到7.5万元，2020年、2021年村均分红9万元，到2021年年底已累计分红4873万元②。台州市玉环

---

① 中共湖州市南浔区委组织部：《浙江湖州市南浔区：全面推行"强村富民公司"发展壮大村集体经济》，人民网—中国共产党新闻网，http：//dangjian. people. com. cn/n1/2022/0819/c441888-32506981. html.

② 《温州市瓯海区强村消薄带农共富》，浙江供销合作网，http：//gxs. zj. gov. cn/art/2022/10/9/art_1450761_58921825. html.

市干江镇牵头建立经济发展公司，实行村村股份联营，按照"镇级40%+15个村累计60%（每个村占4%）"原则开展全镇域众筹，统筹布局跨村项目，推进全域文旅项目建设，15个村均设特色旅游子公司，实行各村特色化经营、全镇"一盘棋"振兴。截至2022年4月，众筹的双轨滨海观光旅游小火车、滨海高空玻璃滑道、时光隧道等项目累计投资达6000万元，接待游客超百万人次，创收3000余万元①。

（三）以强村公司为纽带，对接国有企业、工商资本，实现跨村资源资产共同开发利用

衢州市常山县成立"两山银行"探索生态产品价值转化机制，打造了"资源整合、定价交易、价值转换"的生态价值实现平台，到2021年已存入各类生态资源1585项，总价值17.6亿元，为778家主体授信3.86亿元。"两山银行"与强村公司开展经营合作，导入现代企业管理，提升乡村产业运营水平，创新了"产业植入、管理导入、利益融入"的生态价值共享模式，形成了"经营主体+两山银行+强村公司+农户"的利益共同体模式，激发农村集体经济发展活力，促进农民共同富裕。与同弓乡8个村合作推进万亩土地整治项目，导入观光农业、主题民宿、田园综合体等产业项目15个，带动村集体经济增收359万元；与新昌乡10个村联合成立共富公司，借力浙农集团、慈溪市、拱墅区推销农副产品，发展生态种养、乡村旅游、研学培训产业。常山县"两山银行"联合强村公司创新合作模式，以金融赋能、品牌打造、配套帮扶等举措推动胡柚、香柚、油茶等特色产业发展，通过龙头企业和产业的培育，带动区域周边的整体发展，推动利益再分配，形成共富新模式。②

---

① 浙江省农业农村厅：《壮大集体经济迈向共同富裕——浙江强村富民乡村集成改革典型案例》，2022年。

② 《浙江常山："两山银行"如何促进山区共同富裕？》，中国新闻网，http://www.chinanews.com.cn/cj/2022/02-07/9670632.shtml.

三　以要素聚合实现跨村联合发展

村庄分化导致了不同村庄在要素禀赋上的差异，为跨村要素合作、抱团发展提供了可能。通过要素聚合实现联合发展的路径主要包括同类要素的联合和不同要素的组合两个路径，涉及的要素主要有资金、土地以及其他资源。有些村庄集体资金较多，有的村庄集体建设用地较多，便由多个村庄共同出资在集体建设用地较多的村庄投资建设产业项目，形成联合抱团、"飞地抱团"等跨村联合发展模式。

如杭州市余杭区余杭街道 9 个村以市场化运作为路径，以区域性共富为目标，共同成立联合公司，合作开发村级留用地，激活沉睡资源资金，形成了"飞地联建"开发模式。为探索多村合作开发新模式，余杭街道按照 1 村出地、8 村出资的合作方式共同成立联合公司，推进项目建设。项目瞄准新兴业态，由未来科技城管委会负责设计、代建、招商、运营等事宜。项目建成后以 3∶7 的房产股权比例进行分割析产，九个村不仅可以获得 0.51 万—1.75 万平方米的房产和相应的机动车位，还可以获得可观的收入，村均可增加经营性收入近 400 万元①。"九村联合"抱团发展模式，改变了村集体经济组织单打独斗"局面"，破解了土地资源紧缺、资金量不足、市场化程度不高等发展瓶颈问题。杭州市临平区鼓励村集体通过购买商业不动产，联合开发综合体等途径，增强集体经济造血能力。同时，组织平台、国有公司与重点帮促村结对，抱团发展商业综合体、综合供能站等综合开发项目，加快在人才、产业、空间等资源要素上的共享融合。宁波市鄞州区大力推进村级集体经济"飞地抱团"发展，与鄞工集团合作建立"飞地抱团"发展产业园，鼓励引导村社依托各自的资源禀赋，采取自主开发、合作开发等形式，大力发展

① 浙江省农业农村厅：《壮大集体经济迈向共同富裕——浙江强村富民乡村集成改革典型案例》，2022 年。

工业、农业、商贸、旅游、民宿等经济业态，让薄弱村分享投资收益，增强自身"造血"功能，2021年实现村级集体经济总收入21.88亿元，村集体经济总收入100万元以上村实现全覆盖①。"飞地抱团"模式把各村腾退的土地指标统一归集后，在工业园区、经济开发区等土地级差收益最大的黄金地段，通过县域统筹、跨镇经营、多村联合方式，集中发展产业项目，共享发展成果。这种"飞地抱团"模式是一种以城带乡的共同体形式，既有力促进了乡村经济尤其是集体经济薄弱村的发展，又避免了各村独自发展带来的分散布局和缺乏规模效益问题，有利于城乡共建共享共荣。②

要素跨区域聚合的范围并不局限在县域内，浙江省不少地方已经实现了农村集体经济跨县乃至跨市的联合发展。嘉兴市平湖市与丽水市青田县，资源互补、优势叠加，具有开展横向合作、共建产业项目的潜力。平湖市规上外资企业发展势头强劲、需求旺盛，但土地指标紧缺、发展空间不足；青田县资源丰富，但区位条件、经济结构限制村集体经济发展及农民致富增收，贫富差距较大、消薄任务艰巨。两地打破原有的行政区划限制，采取"飞地"模式在平湖联建抱团项目，创新提出"飞地抱团+山海协作"产业合作模式。以"机制共商、责任共担、项目共建"为导向，创新建立青田"供土地指标、供钱投资、供人管理"、平湖"保障落地、保障招商、保障收益"的推进模式。同时，建立全要素供给的扶持体系，在规划引领、项目立项、资金保障、土地供给、干部选派等方面全方位支持"飞地"产业园建设。"飞地"产业园一期项目由青田265个经济薄弱村共同出资成立青田强村联合投资发展责任有限公司，抱团到平湖投资建设3幢高标准厂房。"飞地"产业园建成后，采取包租固定回报等方式，前5年平湖每年支付青田强村联合投资发展责任有限公司投

① 《中共宁波市鄞州区委宁波市鄞州区人民政府关于2021年宁波市鄞州区实施乡村振兴战略情况的报告》，宁波市鄞州区人民政府网站，http://www.nbyz.gov.cn/art/2022/7/20/art_1229610313_59187080.html.

② 魏后凯：《多途径推进乡村共富的浙江经验》，《浙江日报》2022年5月23日第6版。

资总额的 10% 作为固定收益；后 5 年按"实际租金+50% 的园区企业税收地方所得部分"补给青田，推动青田薄弱村集体经济收入逐年增加。平湖与青田两地在市县层面构建起市县"飞地"、镇街结对、村企共建的对口专题合作机制。乡镇街道层面，平湖 8 个镇街道、城投集团与青田 9 个乡镇建立"一对一"结对关系，重点在产业带动就业、精准帮扶等方面深化交流合作。村企层面，平湖发挥当地强企优势，已有 15 家企业与青田 15 个经济薄弱村签订村企结对协议。将党建触角延伸到"飞地抱团+"模式，发挥党建对各项工作的引领作用。以山海协作为例，市级成立书记、市长任双组长的领导小组，建立联席会议制度。采取"挂职+培训"双结合模式，加强干部挂职交流，将平湖的人才、资金、技术、经验、市场要素植入青田发展"肌体"，青田派遣多名干部赴平湖学习。平湖与青田已签订教育、卫生、文旅等领域多项战略合作协议，开设平湖·青田农特产品体验店，推介青田旅游线路，2021 年开辟平湖职工疗休养丽水专线，全年输送旅客 15000 余人次，实现旅游消费 4500 万元。平湖市"飞地抱团"发展集体经济模式，走出了一条从县域抱团到山海协作、从壮大村级集体经济到低收入家庭增收的强村富民新路子。目前，已完成市级"飞地抱团"项目 6 个，参建村年增收 4911 万元，在建项目 6 个、筹建项目两个，预计参建村年增收 4380 万元。2021 年，村级集体经济总收入 5.6 亿元，其中村经营性收入 2.37 亿元，72 个行政村经常性收入全部超 180 万元、经营性收入全部超 100 万元。截至 2021 年，平湖市累计返还"飞地"一期项目固定收益 3240 万元；每年为青田 265 个参投的经济薄弱村年增收 1468.6 万元收益，村年均增收 5.54 万元。①"飞地抱团"发展模式已经成为浙江省联村发展的突出亮点。

---

① 中共平湖市委组织部：《浙江平湖连续十六年"飞地抱团"发展　构建共同富裕多维跑道》，人民网—中国共产党新闻网，http://dangjian.people.com.cn/n1/2022/0707/c441888-32468948.html.

第三节　浙江省推动未来乡村建设的探索实践

乡村建设是美好生活愿景转变为现实生活质量的载体。浙江省农民农村共同富裕走在全国前列的重要支撑是乡村建设水平持续提升，满足了农民安居乐业、全面发展的需求。浙江省已经形成了农村集体经济发展、农民持续增收、乡村建设深化的循环互促机制，激发了面向未来升华乡村建设的内生需求。未来乡村建设既是顺应浙江省乡村全面振兴趋势的必然要求，也是向全国示范农民农村共同富裕的重要内容。2003 年 6 月，浙江提出要力争把一批村庄建设成为经济社会与资源环境相适应、人与自然和谐的农村新社区。2021 年 1 月，浙江提出打造一批"服务均等化、环境生态化、生活智慧化、文明现代化"的未来乡村。《浙江高质量发展建设共同富裕示范区实施方案（2021—2025 年）》提出"开展未来乡村建设试点，迭代升级未来邻里、现代产业、公共服务、乡村文化、特色风貌、绿色低碳、乡村善治等场景，建成一批引领品质生活体验、呈现未来元素、彰显江南韵味的示范性乡村新社区"。2022 年 1 月 21 日，浙江省人民政府办公厅发布了《关于开展未来乡村建设的指导意见》（浙政办发〔2022〕4 号），以原乡人、归乡人、新乡人为建设主体，以造场景、造邻里、造产业为建设途径，集成美丽乡村、数字乡村、共富乡村、人文乡村、善治乡村建设，启动实施未来乡村试点。未来乡村建设已经成为浙江省建设共同富裕现代化基本单元，推进城乡区域协调发展的战略性举措。

表 7-2　　　　　　　　　　浙江省未来乡村建设政策

时间	文件	主要内容
2021 年 7 月	《浙江高质量发展建设共同富裕示范区实施方案（2021—2025 年）》	开展未来乡村建设试点，迭代升级未来邻里、现代产业、公共服务、乡村文化、特色风貌、绿色低碳、乡村善治等场景，建成一批引领品质生活体验、呈现未来元素、彰显江南韵味的示范性乡村新社区

续表

时间	文件	主要内容
2022 年 1 月	浙江省人民政府办公厅《关于开展未来乡村建设的指导意见》（浙政办发〔2022〕4 号）	作出未来乡村建设工作部署，包括总体要求（指导思想、总体目标），"九个场景"工作体系，政策体系，评价体系等内容
2022 年 1 月	《浙江省农业农村厅、财政厅、城乡风貌整治提升工作专班办公室关于公布第一批未来乡村建设试点名单的通知》（浙农字函〔2022〕51 号）	公布了第一批 100 个未来乡村建设试点村名单
2022 年 3 月	《浙江省农业农村厅、城乡风貌整治提升工作专班办公室关于公布第二批未来乡村创建名单的通知》（浙农字函〔2022〕218 号）	公布了第二批 278 个未来乡村创建村名单
2022 年 5 月	浙江省农业农村厅、财政厅、城乡风貌整治提升工作专班办公室联合印发《浙江省未来乡村创建成效评价办法（试行）》（浙农社发〔2022〕2 号）	明确了未来乡村创建的评价组织、评价程序、评价内容等，明确了评价为优秀村、良好村的财政奖励政策。同时发布了《浙江省未来乡村建设导引》与《评价办法》，作为推进未来乡村建设的技术参考
2022 年 5 月	浙江省标准化协会发布《未来乡村建设规范》	内容包括总体原则，未来乡村规划、建设、治理、运营、评价等方面内容
2022 年 5 月	《浙江省城乡风貌整治提升工作专班关于公布浙江省首批未来社区、未来乡村和城乡风貌样板区名单的通知》（浙风貌〔2022〕2 号）	公布首批 36 个未来乡村名单

资料来源：笔者根据发布文件单位的官方网站整理。

一　未来乡村建设路径

浙江省明确了"一统三化九场景"的未来乡村建设路径。"一统"是指以党建为统领；"三化"是指以人本化、生态化、数字化为建设方向；"九场景"是指打造未来产业、风貌、文化、邻里、健康、低碳、交通、智慧、治理场景。具体而言，就是以原乡人、归乡人、新乡人为建设主体，以造场景、造邻里、造产业为建设途径，以有人来、有活干、有钱赚为建设定位，以乡土味、乡亲味、乡愁味为建设特色，本着缺什么补什么、需要什么建什么的原则，集成

"美丽乡村+数字乡村+共富乡村+人文乡村+善治乡村"建设。自2022年开始每年建设200个以上未来乡村，到2025年建设1000个以上未来乡村。

二　未来乡村建设目标

浙江省未来乡村建设的目标是构建引领数字生活体验、呈现未来元素、彰显江南韵味的乡村新社区。这一目标包含三个方面的典型特征。

（一）主导产业兴旺发达

现代农业、美丽经济、村庄经营成效显著；数字化改革率先推进，农业经营主体不断壮大，创业创新体制机制健全完善；项目村常住居民收入县域领先，集体经济年经营性收入为县域村均1.5倍以上；常住人口实现净增长，青壮年人口占比有所提高。

（二）主体风貌美丽宜居

片区化、组团式整体谋划村庄规划，城乡风貌整体优化；深化农村垃圾、污水、厕所整治"三大革命"，长效管护机制健全；美丽庭院建设比例超过60%，违法建设全面杜绝，总体风貌和谐秀美；社会主义核心价值观深入践行，文明乡风管理机制和工作制度完善；统筹发展与安全，牢牢守住未来乡村发展安全底线。

（三）主题文化繁荣兴盛

农村公共文化设施、队伍、活动、投入有效保障，文化服务丰富多彩，农民文化素质明显提高。历史文化遗存有效保护，乡村优秀文化全面传承，地域特色文化充分展示，乡村文化产业蓬勃发展。

三　未来乡村建设内容

未来乡村是农民共享现代文明生活的美好家园。对照未来乡村建设路径和目标，浙江省在未来乡村试点村推动乡村产业、乡村风貌、公共服务、乡风文明、智慧生活、和谐善治六个方面建设内容，推动社会公共资源向农村倾斜、城市公共设施向农村延伸、城市公共服务向农村覆盖、城市文明向农村辐射，着力打造"服务均等化、环境生态化、生活智慧化、文明现代化"的未来乡村，努力形成"整体大美、共富共美"新图景。

（一）推动乡村产业兴旺发达

未来乡村建设，产业是核心。富庶均衡、活力迸发是未来乡村的富裕图景。就业充分、创业活跃，年轻人回来、城里人进来，人人有事做、家家高收入是未来乡村的根基。浙江省面向农业农村现代化需求，打造未来乡村产业场景。实施科技强农、机械强农行动，培育提升一批农业龙头企业、农民专业合作社、家庭农场、农创客和农业服务组织，提升农业生产效率，全面推进农业高质量发展。发展生态农业、休闲农业、创意农业、体验农业。用好乡村生态价值、文化价值、美学价值，发展农事节庆、乡村旅游、养生养老等新业态，加快三产融合、产村融合，做强村庄品牌、农产品品牌、活动品牌。建设特色产业园、小微创业园，利用闲置厂房、农房等建设共享办公、共享创业空间，培育农创客，留住原乡人，唤回归乡人，吸引新乡人。

（二）推动乡村风貌秀美宜居

"绿水青山"的生态、整洁有序的村容、错落有致的农房，是未来乡村人与自然和谐共生的秀美图景。为此，要健全"县域乡村建设规划+村庄布点规划、村庄规划、村庄设计、农房设计+农村特色风貌规划"乡村规划建设体系，持续推进村庄环境综合整治，提档升级交通、信息、能源、物流等基础设施，完善生活配套，打造现代乡村生活圈。高水平建设"四好农村路"，提升城乡公交一体化水平，重视村内支路建设，科学布设停车场（位），建设新能源汽车充电设施，设立快递综合服务点，做到收寄快递不出村；夯实农村供水县级统管机制，健全农村人居环境长效管护机制，全面普及生活垃圾分类，加快农业绿色发展；推进农业农村领域节能减排，提倡节约用水，积极发展太阳能、天然气、风能等可再生能源，优化电网、气网等基础设施布局，提高乡村生产生活的电气化、清洁化水平；尊重乡土风貌和地域特色，尊重村落原有肌理，保留村庄原有纹理，以"绣花"功夫推进乡村微改造、精提升，推动设计、艺术下乡，打造美丽河湖、美丽水站、美丽山塘、绿色水电站，抓实美丽庭院、杆线序化等工作，彰显乡村时尚风、文艺范。

（三）推动公共服务城乡共享

安心舒心、服务共享的幸福图景是未来乡村的基本特征。在未来乡村试点村，着力补齐基本公共服务短板，加快实现幼有善育、学有优教、劳有厚得、病有良医、老有颐养、住有宜居、弱有众扶的愿景。利用公共空间，改造提升配套设施，为村民提供茶余饭后的互动交流场所；完善购物、餐饮、金融、电信等生活配套，打造幸福生活圈；健全农村疫情常态化防控机制，高水平开展爱国卫生运动，科学防治病媒生物，保障饮用水与食品安全，提高农民群众健康素养；加强政府办村卫生室规范化、标准化建设，全面落实乡村一体化管理，高质量供给公共卫生服务和全生命周期健康管理；完善体育健身设施配置，开展全民健身活动；实施困难老年人家庭适老化改造，提供紧急呼叫等智能化服务，扩大居家养老服务中心覆盖面；高水平建设等级幼儿园、义务教育标准化学校，依托乡镇成人学校（社区学校）建设农民学校、老年学校（学堂）、家长学校等。

（四）推动乡村文明和谐美好

未来乡村既要有美丽宜居的村容村貌，更要有昂扬向上的精神风貌、乡愁可寄的人文气息。这是体现和美乡村的主要内容。推动乡风文明，关键是让农村文化设施利用起来，传统文化弘扬起来，让社会主义核心价值观在乡村生根。为此，要全面提升农村文化礼堂，推动县级图书馆、文化馆在乡村设立服务点，鼓励高校、艺术团体在乡村设立实践基地；切实发挥新时代文明实践站（中心）作用；

建好乡村文艺传承队伍，培育好乡村文化产业，打响乡村文化品牌；保护好古村落、古民居、古树名木等乡土遗存，推进历史文化（传统）村落和二十四节气等农耕文化保护利用；丰富文化供给，开设农民学校、老年学堂；弘扬生态文化，建设生态文化基地和生态文化村，倡导取之有度、用之有节的低碳理念；弘扬邻里团结、守望相助的传统美德，传承好守望相助、敦亲睦邻、克勤克俭、耕读传家等乡土基因，开展文明村、文明家庭、身边好人等选树活动。

（五）推动数字引领乡村生活

智慧生活是农村居民未来的重要生活方式，是未来乡村建设的重要基础内容。建设未来乡村必须加快数字化技术、思维、认知在乡村的运用和普及，撬动乡村生产生活生态各领域系统变革，让农民共享智慧生活。近年来，浙江省加快推进乡村新基建，实现千兆光纤网络、5G移动网全覆盖，在未来乡村试点中应推动更多智慧生活场景落地，形成"乡村大脑+产业地图+数字农业+智慧生活"发展格局。建设"浙江乡村大脑"，贯通"浙农"系列应用，加快"浙农码"推广。做大数字农业、智慧农业，加快农业生产、经营、服务、监管等多领域的数字化、智能化应用，促进农业全产业链数字迭变；完善农村电子商务配套设施，壮大社交电子商务、直播电子商务等新业态。升级乡村教育、健康、养老、文化、旅游、住房、供水、灌溉等数字化应用场景，加快智慧医疗、智慧文化、智慧教育、智慧救助等率先落地未来乡村，提升智能化服务适老化水平。建设乡村气象、水文、地质、山洪、旱情等数据实时发布和预警应用，实现农村应急广播和"雪亮工程"全覆盖。

（六）推动乡村治理高效有序

和谐的生活秩序必须依靠有效的乡村治理支撑。高效的治理体系是未来乡村不可或缺的基本要件。开展未来乡村建设试点，必须顺应基层治理体系变革，坚持和发展新时代"枫桥经验"，全面实施阳光治理工程，深入开展平安乡村建设，规范提升全科网格建设，推动自治、法治、德治、智治融合，全面提升乡村善治水平。广泛实行群众自我管理、自我服务、自我教育、自我监督，发挥好各类社会组织作用，强化农村集体"三资"（资金、资产、资源）云监管、"三务"（党务、村务、财务）云公开。完善村规民约和自治章程，推广邻里贡献积分等机制，让有德者有所得。持续推进移风易俗，革除陈规陋习。引导乡贤在党组织领导下依法依规参与乡村治理，促进项目回归、人才回乡、资金回流、技术回援、文化回润、公益回扶。

四　未来乡村建设进展

未来乡村建设是浙江省对"千万工程"的持续深化、全面提升，未来乡村是浙江在高质量建设共同富裕示范区和建设"重要窗口"大背景下乡村建设的又一次全新探索。截至 2022 年 8 月，浙江省已公布 378 个未来乡村试点创建村名单，覆盖全省所有涉农县（市、区），规划各类项目 4944 个，计划总投资 295 亿元，首批已验收通过 36 个。① 未来乡村建设已经成为展示浙江省乡村建设集成成果的重要窗口。2019 年以来，衢州市率先开启"未来乡村"试点工作，已初步形成"33 个村探索建设+67 个村同步培育"的未来乡村发展建设格局，未来乡村常住居民人均可支配收入年均增幅达到 11%，村集体增收超过 3000 万元。衢州率先发布了乡村未来社区建设地方性创建标准《衢州乡村未来社区指标体系与建设指南》，迭代推出《衢州市未来乡村建设规范》，积极探索具有衢州特色的未来乡村建设模式路径。②

---

① 《浙江推进未来乡村建设：触摸未来　共享共富》，中国新闻网，http：//www.chinanews.com.cn/cj/2022/08-24/9835924.shtml.

② 《衢州未来乡村建设：逐梦共富　共享未来》，浙江新闻网，https：//zj.zjol.com.cn/news.html？id=1954346.

表7-3 浙江省未来乡村建设试点进展

地市	第一批未来乡村建设试点	第二批未来乡村创建	首批未来乡村名单
杭州市	12个	32个	5个：西湖区转塘街道长埭村、萧山区临浦镇横一村、富阳区东洲街道黄公望村、建德市下涯镇之江村、钱塘区河庄街道江东村
宁波市	11个	30个	5个：奉化区萧王庙街道滕头村、鄞州区下应街道湾底村、余姚市梁弄镇横坎头村（横坎头片区）、镇海区庄市街道永旺村、慈溪市周巷镇万安庄村
温州市	13个	34个	5个：乐清市大荆镇下山头村、平阳县昆阳镇西北片区（湖屿村等）、鹿城区山福镇驿头驿阳村、文成县南田镇武阳村、瓯海区泽雅镇研学纸山片区（纸源村等）
湖州市	6个	29个	3个：安吉县天荒坪镇余村村、德清县莫干山镇仙潭村（国际乡韵休闲片区）、吴兴区妙西镇妙山村（山水妙境片区）
嘉兴市	8个	25个	3个：桐乡市石门镇墅丰村、平湖市钟埭街道沈家弄村、海盐县通元镇雪水港村
绍兴市	7个	21个	2个：上虞区岭南乡东澄村、新昌县澄潭街道梅渚村
金华市	10个	27个	3个：东阳市南马镇花园村、义乌市义亭镇缸窑村、兰溪市游埠镇洋港村
衢州市	8个	24个	3个：柯城区沟溪乡余东村、龙游县溪口镇溪口村、开化县音坑乡下淤村
舟山市	5个	12个	2个：定海区马岙街道马岙村、嵊泗县花鸟乡花鸟村
台州市	10个	23个	2个：温岭市石塘镇海利村、天台县街头镇后岸村
丽水市	10个	21个	3个：青田县方山乡龙现村、缙云县舒洪镇仁岸村、遂昌县新路湾镇蕉川村

资料来源：笔者根据《浙江省农业农村厅、财政厅、城乡风貌整治提升工作专班办公室关于公布第一批未来乡村建设试点名单的通知》（浙农字函〔2022〕51号）、《浙江省农业农村厅、城乡风貌整治提升工作专班办公室关于公布第二批未来乡村创建名单的通知》（浙农字函〔2022〕218号）、《浙江省城乡风貌整治提升工作专班关于公布浙江省首批未来社区、未来乡村和城乡风貌样板区名单的通知》（浙风貌〔2022〕2号）整理。

（一）产业兴旺活力显现

浙江以乡村产业发展率先推进强村富民乡村集成改革在未来乡村落地，大力培育"一村一品""一村一业"，打造美丽乡村共同富裕示范带，推进片区式组团化发展，快速建立未来乡村与周边村庄、未来社区联建联创机制。如湖州市德清县莫干山镇仙潭村是首批未来乡村，联合隔壁两个行政村，以村集体出资源、国企出资金的方式，组建莫干山仙之潭旅游发展有限公司，探索未来乡村运营模式，落地了大仙潭宿集旅游综合体、大地艺术装置等一批新业态，实现了由民宿单一产业向一体化农文旅产业生态圈的转型。①

（二）人文乡村内涵彰显

衢州市依托未来乡村等规划建设，积极推行"市县一体、统筹规划"乡村发展蓝图，具体到每个村的规划建设，均结合当地地域特色和文化底蕴来打造。常山县何家乡樊家未来乡村注重对历史遗存等村庄内部形态和肌理的保护；开化县音坑乡下淤未来乡村主推农文旅融合和休闲旅游；柯城区余东未来乡村聚焦一幅农民画，逐渐形成卖画作、卖版权、卖文创、卖旅游的丰富业态，2022 年，该村日均引流近 1000 人次，培育出 300 多位农民画参与者和 48 位骨干画家。②

（三）数字引领乡村重塑

数字正在不断改变乡村的生产生活方式和治理形态。浙江坚持以数字变革为牵引，加快未来乡村重大应用攻坚，激发未来乡村发展新动能，奋力打造智慧生活、整体智治的现代图景。浙江各未来乡村试点村都不约而同聚焦数字化，根据产业发展、公共服务、社会治理等差异化需求，加快数字化技术、思维、认知在乡村的运用和普及，为实现未来乡村可持续发展提供更多可能。同时，加快智慧

---

① 《浙江推进未来乡村建设：触摸未来　共享共富》，中国新闻网，http：//www.chinanews.com.cn/cj/2022/08-24/9835924.shtml.

② 《衢州未来乡村建设：逐梦共富　共享未来》，浙江新闻网，https：//zj.zjol.com.cn/news.html？id=1954346.

医疗、智慧文化、智慧教育、智慧救助等率先落地未来乡村，并以
"一老一小"为重点，借助数字化力量有序推动养老服务中心、婴幼
儿托育点在未来乡村的全覆盖，实现未来乡村服务新飞跃。衢州市
龙游县溪口镇溪口未来乡村，借助乡村云端"大脑"，村民可以"刷
脸"看书、吃饭、喝咖啡；可以主动参与家园管理，共享卡拉 OK、
智慧寄存柜、无人医药柜等一系列智能化设备。温州文成县南田镇
武阳村借助数字平台，将产业、村务等纳入积分消费系统，开展积
分兑换活动，形成各产业与村民之间上下联动、互帮互带的致富联
合体，2021 年全村集体经营性收入达 102 万元，村民人均增收 15%
以上。① 江山市大陈乡大陈未来乡村建设了"一分钟诊所"，村民
"对着一个小机器，就能看病问诊"。大陈村不仅有数字化康养诊疗
服务，还建设了"数字驾驶舱"，村民用电用水、村庄道路交通等情
况一目了然。通过数据分析研判和自动预警，村管理员实现了对各
民居的消防安全进行统一管理、调度和应急处置。②

（四）公共服务普惠共享

优质服务城乡共享水平得到新提高。衢州市重点聚焦"一老一
小"群体，按照需求导向选配农村教育、医疗卫生、体育、养老、
托幼、福利保障等公共服务，以数字化、智慧化的方式做优做强
"未来乡村"功能。金华市婺城区在 4 个未来乡村试点村上线"浙里
办·我的家园"，其中首批未来乡村试点村竹马乡下张家村上线"浙
里办·我的家园"后接入"数智下张家""e 家书房""一码通一机
游""婺里长寿""享优待""约服务""智守护"7 个应用。上线
"浙里办"后，逐步完善智慧场景应用，以村（片区）为单元来构建
社区系统，通过线上线下打通各类服务，提供与村民生活息息相关
的新教育、新医疗、新交通等创新服务模式，迭代乡村教育、健康、

---

① 《浙江推进未来乡村建设：触摸未来　共享共富》，中国新闻网，http：//www.
chinanews. com. cn/cj/2022/08-24/9835924. shtml.

② 《衢州未来乡村建设：逐梦共富　共享未来》，浙江新闻网，https：//zj. zjol.
com. cn/news. html？id＝1954346.

养老、文化、旅游、住房、供水、灌溉等数字化应用场景，推动城乡公共服务同质化，实现村民办事不出村。①

（五）人居环境宜居宜业

嘉兴市海盐县通元镇雪水港村，推行"土灶'柴改电'"，实现降低碳排放与传承非遗灶头画的双赢，入选浙江省首批未来乡村。在"柴改电"的过程中，保留了土灶部分，根据土灶形状设计出盆形"电磁炉"，使当地非遗"灶头画"一并保留了下来。截至2022年8月，雪水港村累计推广"柴改电"639户，减少柴火消耗约10.15吨，碳减排18.61吨，每年可为村民增收约13.89万元。近年来，雪水港村大力推行分布式光伏、开发利用清洁能源等，努力打造"零碳村"。借助未来乡村试点项目，雪水港村正建设智慧路灯、光伏路灯、光伏休闲栈道、光伏连廊和充电桩等服务设施，建成光伏装机容量16兆瓦，全年发电量约1728万千瓦时，碳减排1.66万吨。同时还推广绿色生态农业发展模式，推广使用土壤改良培肥、节水灌溉、绿色防控等农业绿色生产技术，建立形成种养加循环、区域低碳循环等，实现村庄产业向绿色低碳转型发展。②

（六）乡村善治稳步推进

在未来乡村建设试点中，浙江各地注重挥基层党组织的战斗堡垒作用，推动"县乡一体、条抓块统"，构建党建统领的四治融合模式，变"任务命令"为"主动参与"，让"村里事"变成"家家事"，激发乡村发展"原动力"，筑牢乡村善治基础。海宁市博儒桥村依托老干部会议、户长会、网格民情分析会等载体"共商筹智"谋产业，通过"镇政府+村集体+农户+低收入农户"模式"共建筹资"拓渠道，通过"众管微治"积分考核"八必访八必报"机制"共管筹治"优服务，为"三低"户就业搭建平台，帮助农户就地就

---

① 《婺城4个未来乡村试点村上线"浙里办"》，金华市婺城区政府网站，http://www.wuch.gov.cn/art/2022/6/15/art_1229614144_58947676.html.

② 《浙江海盐"未来乡村"建设：厚植生态绿色低碳发展模式》，中国新闻网，http://www.zj.chinanews.com.cn/jzkzj/2022-08-26/detail-ihccmxni4132571.shtml.

业"共富筹心"同富裕。舟山市定海区马岙村从微民约实践起步，深入探索海岛乡村治理新体系，实现了"一把扫帚大家扫""众家水井众家筹""百家田园联心种"等多个微自治品牌的内涵升华，逐步走出了一条以德为魂、以法为据、充分自治+数字赋能的乡村治理之路。嵊州市雅璜村是"民情日记"发源地，坚持"串百家门、知百家情、解百家难、连百家心、办百家事、致百家富"的"六百"精神，突出"民情日记"基层智治优势，开发"浙里民情"场景应用，推进"民情日记"发源地全区域建设，架起了干群之间的"连心桥"。①

第三节　浙江省联村发展和未来乡村建设展望

联村发展和未来乡村建设是浙江省农村经济、集体经济和乡村建设整体水平领先全国的重要支撑，是浙江省打造城乡区域协调发展引领区的突出亮点，对于全国推动乡村全面振兴、促进农民农村共同富裕具有示范意义和推广价值。浙江省的探索实践表明，跨村联合发展是农民农村共同富裕的重要实现机制，未来乡村建设是乡村全面振兴、城乡区域协调发展的重要实现机制。这两者都是推进农业农村现代化的突破口，是打造共同富裕现代化基本单元的内在要求。总体上看，浙江省推进联村发展和未来乡村建设还处于探索推动的初步阶段，覆盖面较小，作用发挥尚局限在小部分区域，尚未在全局层面上显现对化解村庄分化难题、补齐乡村发展短板的作用，尚需要在更大层面上深入推进探索。而且，联村发展、未来乡村建设的制度机制、标准规范、政策体系等尚未形成成熟的模式，以及可复制推广的经验，也需要浙江省进一步加快探索进度。联村发展和未来乡村建设都涉及经济、政治、文化、社会、生态等各方面，

---

① 《浙江未来乡村建设十大模式——党建统领的四治融合模式》，腾讯网，https://new.qq.com/rain/a/20221125A04LQJ00.

是一项系统工程，离不开社会各方的共同参与和多元主体的共同建
设，要强化系统观念，运用集成方法，一体推进。

一　进一步探索联村发展机制

跨村联合发展是激发新型集体经济活力，促进农村区域均衡发展
的有效路径。跨村联合发展是土地、资金等要素资源打破空间、时
间限制，进行统筹协调、综合利用的过程，显著提升了村级集体经
济造血能力，有助于各村进一步加强基础设施建设、公共服务供给，
持续提升村民获得感、幸福感、安全感、认同感，形成经济效益与
社会效益双向正向反馈。在迈向共同富裕的新形势下，要多途径有
效破解村庄分化，打破各自为战的单村发展格局，加快推进跨村联
合发展，因地制宜采取"飞地抱团"、强村公司、片区组团等多种形
式，探索村集体经济发展新路径。鼓励各地集体经济组织采取联建
联营、股份合作方式，整合、盘活集体资源资产，联合发展产业项
目，实行按股分红；鼓励先发展起来的经济强村与周边基础较差的
薄弱村共建项目、联合发展，探索"先富带后富、强村带弱村"发
展路径；充分发挥党建的引领作用，推动跨村联合、抱团发展。同
时，尽快在省级层面制定推动联村发展的意见，明确新时期推动联
村发展的重要意义、总体要求和重点任务，提出联村发展的规范流
程、利益分配、制度安排和相关支持政策，避免在联村发展过程中
因处置不当造成对村集体经济和农民利益的损害，影响集体经济可
持续发展。还要制定相应的支持政策，引导和鼓励国有企业、有实
力的民营企业发挥资金、技术、人才和品牌优势，采取多种形式参
与乡村振兴，全方位开展与农村集体经济深度合作，积极探索合作
发展的新模式和新途径，推动农村集体经济加快转型升级。要持续
总结各地的有益经验，全面推进城乡产业、教育、医疗、文化、生
态等共同体建设，使之成为推进城乡融合发展和一体化的重要载体；
积极探索"飞地抱团"模式，把各村腾退的土地指标统一归集后，

在工业园区、经济开发区等土地级差收益最大的黄金地段，通过县域统筹、跨镇经营、多村联合方式，集中发展产业项目，共享发展成果，推动城乡共建共享共荣。征集跨村联合发展的典型案例，总结其经验和有效做法，便于其他地区学习、借鉴和推广。

二 进一步探索未来乡村建设机制

未来乡村建设是推进乡村全面振兴，打造农民农村共同富裕先行示范区的有效抓手。未来乡村建设是践行以人民为中心的发展思想、更好满足农民群众对美好生活向往的具体行动。进入新时代，农民群众对美好生活的需要日益广泛，不仅追求物质性需要的满足，还追求社会性需要、心理性需要的满足，期盼更舒适的人居环境、更优质的公共服务、更丰富的文化生活。开展未来乡村建设，正是面向美好生活、面向现代化，以数字赋能为动力，打造高质量发展、高标准服务、高品质生活、高效能治理、高水平安全的幸福生活共同体，体现了以人的现代化为核心的发展理念。浙江省把未来乡村作为共同富裕现代化的基本单元，是高质量推进乡村全面振兴，实现共同富裕的先行探路，是共同富裕从宏观规划到微观落地的重要载体。通过未来乡村建设，提升农村人居环境，打通农村基础设施和公共服务"最后一公里"，让共同富裕看得见、摸得着、真实可感；通过未来乡村建设，吸引更多人才、科技、资金等要素流向农村，激发发展活力，让繁华城市与繁荣农村交相辉映、共富共美；通过未来乡村建设，率先探索农业农村现代化的有效路径，积累经验，学有榜样、行有方向、干有示范。

今后一个时期，浙江应持续把建设未来乡村作为激发乡村全面振兴持久动力的关键，优化创业创新营商环境，广泛吸引社会各界力量投身未来乡村创建，努力形成全社会共同推进未来乡村建设的全新格局。一是强化党建统领力。切实发挥基层党组织领导核心作用，不断提高党在农村的政治领导力、组织覆盖力、群众凝聚力和社会号召力。积极推广党建联盟做法，片区化打造、组团式发展，先富带后富、区域共同富。通过党员示范岗、党员包干区、党员志愿服务等载体，做给群众看、带着群众干。二是激活改革内生力。未来乡村建设要敢闯敢试、敢为人先，向改革要动力。继续以数字化改革撬动各领域改革，探索建立未来乡村建设路径，以数字技术赋能，形成与数字化发展路径相适应的生产方式、生活方式、治理方式，提升治理的精细化水平；渐进式重塑政府组织、市场主体、社会主体和邻里、个人的和谐关系，完善利益分配，缩小"数字鸿沟"，推动共同富裕与数字化改革双向赋能。三是提升工作协同力。建立综合集成、协同高效的未来乡村推进机制，引导社会资本积极参与，鼓励乡贤出谋划策、出钱出力。四是尊重基层创造力。把党的正确主张变为群众的自觉行动，是未来乡村顺利推进的关键。坚持决策共谋，充分听取村民的意见；坚持建设共管，引导农民自觉参与未来乡村建设；坚持成效共评，把群众满意度作为最高评判标准。以开放、包容的态度鼓励基层大胆创新，完善"一地先行、全省共享"机制，动员社会、农民和市场多方参与未来乡村建设。

参考文献

一　中文文献

（一）著作

习近平:《决胜全面建成小康社会　夺取新时代中国特色社会主义伟大胜利——在中国共产党第十九次全国代表大会上的报告》,人民出版社 2017 年版。

习近平:《高举中国特色社会主义伟大旗帜　为全面建设社会主义现代化国家而团结奋斗——在中国共产党第二十次全国代表大会上的报告》,人民出版社 2022 年版。

习近平:《论"三农"工作》,中央文献出版社 2022 年版。

［美］迈克尔·波特:《国家竞争优势》,李明轩、邱如美译,华夏出版社 2002 年版。

魏后凯等:《新型城镇化重塑城乡格局》,社会科学文献出版社 2021 年版。

中共浙江省委党校主编:《共同富裕看浙江》,浙江人民出版社 2021 年版。

（二）期刊、报纸

习近平:《国家中长期经济社会发展战略若干重大问题》,《求是》2020 年第 21 期。

曹慧等:《现代农业产业体系建设路径研究》,《华中农业大学学报》

（社会科学版）2017 年第 2 期。

陈婉玲、陈亦雨：《区域协调发展的利益调整与法治进路》，《上海财
　　经大学学报》2021 年第 6 期。

陈云贤：《中国特色社会主义市场经济：有为政府+有效市场》，《经
　　济研究》2019 年第 1 期。

董敏、郭飞：《城市化进程中城乡收入差距的"倒 U 型"趋势与对
　　策》，《当代经济研究》2011 年第 8 期。

余秀艳：《城市化与城乡收入差距关系——倒"U"型规律及其对中
　　国的适用性分析》，《社会科学家》2013 年第 10 期。

杜志雄、金书秦：《中国农业政策新目标的形成与实现》，《东岳论
　　丛》2016 年第 2 期。

高培勇等：《高质量发展背景下的现代化经济体系建设：一个逻辑框
　　架》，《经济研究》2019 年第 4 期。

高培勇：《理解、把握和推动经济高质量发展》，《经济学动态》
　　2019 年第 8 期。

郭占恒：《习近平的"八八战略"思想与实践——纪念"八八战略"
　　提出 15 周年》，《浙江学刊》2018 年第 4 期。

韩保江：《论习近平新时代中国特色社会主义经济思想》，《管理世
　　界》2018 年第 1 期。

郝文强等：《抱团发展：共同富裕视阈下农村集体经济的模式创
　　新——来自浙北桐乡市的经验》，《农业经济问题》2022 年第
　　8 期。

何玲玲等：《高质量发展建设共同富裕示范区——访浙江省委书记袁
　　家军》，《政策瞭望》2021 年第 6 期。

何显明：《"八八战略"与习近平新时代中国特色社会主义思想在浙
　　江的萌发》，《浙江学刊》2018 年第 5 期。

黄群慧：《新发展格局的理论逻辑、战略内涵与政策体系——基于经
　　济现代化的视角》，《经济研究》2021 年第 4 期。

黄祖辉、傅琳琳：《浙江高质量发展建设共同富裕示范区的实践探索与模式解析》，《改革》2022 年第 5 期。

金成武：《中国城乡融合发展与理论融合——兼谈当代发展经济学理论的批判借鉴》，《经济研究》2019 年第 8 期。

李爱民等：《我国农业转移人口深度市民化研究》，《中国软科学》2022 年第 8 期。

李包庚：《从"八八战略"到"重要窗口"历史性飞跃的基本经验与意义》，《浙江工商大学学报》2021 年第 1 期。

李海平：《区域协调发展的国家保障义务》，《中国社会科学》2022 年第 4 期。

李兰冰、刘秉镰：《"十四五"时期中国区域经济发展的重大问题展望》，《管理世界》2020 年第 5 期。

李仁贵：《西方区域发展理论的主要流派及其演进》，《经济评论》2005 年第 6 期。

李实等：《共同富裕路上的乡村振兴：问题、挑战与建议》，《兰州大学学报》（社会科学版）2021 年第 3 期。

李文荣、陈建伟：《城乡等值化的理论剖析及实践启示》，《城市问题》2012 年第 1 期。

李中文、窦海洋：《浙江金磐扶贫经济开发区——山海协作　互利共赢》，《人民日报》2021 年 1 月 8 日第 1 版。

刘培林等：《共同富裕的内涵、实现路径与测度方法》，《管理世界》2021 年第 8 期。

刘彦随等：《全球乡城关系新认知与人文地理学研究》，《地理学报》2021 年第 12 期。

茅锐、林显一：《在乡村振兴中促进城乡融合发展——来自主要发达国家的经验启示》，《国际经济评论》2022 年第 1 期。

年猛：《嘉兴市城乡产业融合发展的思路与深化路径研究》，《城市》2022 年第 4 期。

年猛：《交通基础设施、经济增长与空间均等化——基于中国高速铁路的自然实验》，《财贸经济》2019 年第 8 期。

年猛：《收入差距、社会地位与户籍制度改革成效》，《技术经济》2022 年第 7 期。

年猛：《中国城乡关系演变历程、融合障碍与支持政策》，《经济学家》2020 年第 8 期。

裴长洪等：《数字经济的政治经济学分析》，《财贸经济》2018 年第 9 期。

秦中春：《乡村振兴背景下乡村治理的目标与实现途径》，《管理世界》2020 年第 2 期。

苏红键：《中国县域城镇化的基础、趋势与推进思路》，《经济学家》2021 年第 5 期。

屠霁霞：《抱团发展模式促进农村集体经济发展——基于浙江的经验分析》，《河南社会科学》2021 年第 1 期。

王世琪、甘凌峰：《山海携手，闯出协调发展新空间》，《浙江日报》2020 年 11 月 11 日第 3 版。

王微、刘世华：《农村人居环境协作治理的实践路径——以浙江"千村示范、万村整治"经验为例》，《广西社会科学》2020 年第 6 期。

王兴平：《都市区化：中国城市化的新阶段》，《城市规划汇刊》2002 年第 4 期。

王垚等：《产业结构、最优规模与中国城市化路径选择》，《经济学（季刊）》2017 年第 2 期。

魏后凯、崔凯：《面向 2035 年的中国农业现代化战略》，《中国经济学人》（China Economist）2021 年第 1 期。

魏后凯等：《共同富裕视域下乡村振兴的目标演进与推进战略》，《中国经济学人》（China Economist）2022 年第 4 期。

魏后凯等：《"十四五"时期中国区域发展战略与政策》，《中国工业经济》2020年第5期。

魏后凯：《关于城市型社会的若干理论思考》，《城市发展研究》2013年第5期。

魏后凯：《全面打造城乡协调发展的引领区》，《人民日报》2021年8月5日第12版。

魏后凯：《如何走好新时代乡村振兴之路》，《人民论坛·学术前沿》2018年第3期。

魏后凯：《深刻把握城乡融合发展的本质内涵》，《中国农村经济》2020年第6期。

魏后凯、苏红键：《中国农业转移人口市民化进程研究》，《中国人口科学》2013年第5期。

魏后凯：《推进联村发展破解村庄分化》，《中国经济时报》2022年3月11日第4版。

魏后凯：《多途径推进乡村共富的浙江经验》，《浙江日报》2022年5月23日第6版。

徐康宁：《区域协调发展的新内涵与新思路》，《江海学刊》2014年第2期。

杨俏丽、王政武：《新发展格局下推进乡村全面振兴的空间维度》，《人文岭南》2021年第119期。

叶兴庆：《新时代中国乡村振兴战略论纲》，《改革》2018年第1期。

应少栩：《浙江省"山海协作"推动共同富裕的逻辑脉络与经验启示》，《理论观察》2022年第3期。

曾国安、胡晶晶：《城乡居民收入差距的国际比较》，《山东社会科学》2008年第10期。

张红宇等：《中国特色农业现代化：目标定位与改革创新》，《中国农村经济》2015年第1期。

张红宇：《中国现代农业经营体系的制度特征与发展取向》，《中国农村经济》2018年第1期。

浙江省地方统计调查队课题组：《乡村产业融合发展加速　深度融合仍需提档加力——浙江省乡村产业融合和乡村数字化调查报告》，《统计科学与实践》2021 年第 12 期。

周飞舟：《从脱贫攻坚到乡村振兴：迈向"家国一体"的国家与农民关系》，《社会学研究》2021 年第 6 期。

周叶中、刘诗琪：《地方制度视域下区域协调发展法制框架研究》，《法学评论》2019 年第 1 期。

《浙江在高质量发展中奋力推进共同富裕（中国这十年·系列主题新闻发布）》，《人民日报》2022 年 8 月 31 日第 2 版。

（三）网络文献

《习近平在全省"山海协作"工程会议上强调　不断推动山海协作再上新台阶》，http：//zjrb. zjol. com. cn/html/2006-12/28/content_36625. htm.

《2021 年浙江省国民经济和社会发展统计公报》，浙江统计局网站，http：//tjj. zj. gov. cn/art/2022/2/24/art_1229129205_4883213. html.

《慈溪出台新政高质量发展村级集体经济》，宁波市人民政府网站，http：//www. ningbo. gov. cn/art/2022/4/26/art_1229099769_59426335. html.

《大力推进"山海协作工程"努力实现区域协调发展》，https：//zjnews. zjol. com. cn/system/2003/12/04/002175689. shtml.

《"强村公司"蹚出乡村振兴新路》，法治网，http：//www. legaldaily. com. cn/Village_ruled_by_law/content/2022-09/22/content_8784372. htm.

《9 个社区合办 1 家公司这事靠谱吗？》，浙江新闻，https：//zj. zjol. com. cn/news. html？id＝1927808.

《衢州未来乡村建设：逐梦共富　共享未来》，浙江新闻网，https：//zj. zjol. com. cn/news. html？id＝1954346.

台州市发展和改革委员会：《台州市聚力推动全域党建联盟引领乡村走实共富路》，台州市人民政府网站，http：//www. zjtz. gov. cn/art/2022/7/7/art_1229656073_59060625. html.

《推动既有成果不断向纵深发展 丽水"四业并举"推进村级集体经济巩固提升》，丽水市政府门户网站，http：//www. lishui. gov. cn/art/2022/2/22/art_1229218389_57332012. html.

《温州市瓯海区强村消薄带农共富》，浙江供销合作网，http：//gxs. zj. gov. cn/art/2022/10/9/art_1450761_58921825. html.

《婺城4个未来乡村试点村上线"浙里办"》，金华市婺城区政府网站，http：//www. wuch. gov. cn/art/2022/6/15/art_1229614144_58947676. html.

《浙江常山："两山银行"如何促进山区共同富裕?》，中国新闻网，http：//www. chinanews. com. cn/cj/2022/02-07/9670632. shtml.

《浙江高质量发展建设共同富裕示范区实施方案（2021—2025年）》，浙江省人民政府网站，https：//www. zj. gov. cn/art/2021/7/19/art_1552628_59122844. html.

《浙江海盐"未来乡村"建设：厚植生态绿色低碳发展模式》，中国新闻网，http：//www. zj. chinanews. com. cn/jzkzj/2022-08-26/detail-ihccmxni4132571. shtml.

《浙江推进未来乡村建设：触摸未来 共享共富》，中国新闻网，http：//www. chinanews. com. cn/cj/2022/08-24/9835924. shtml.

《浙江未来乡村建设十大模式——党建统领的四治融合模式》，腾讯网，https：//new. qq. com/rain/a/20221125A04LQJ00.

中共湖州市南浔区委组织部：《浙江湖州市南浔区：全面推行"强村富民公司"发展壮大村集体经济》，人民网—中国共产党新闻网，http：//dangjian. people. com. cn/n1/2022/0819/c441888-32506981. html.

《中共宁波市鄞州区委宁波市鄞州区人民政府关于2021年宁波市鄞州区实施乡村振兴战略情况的报告》，宁波市鄞州区人民政府网站，http：//www. nbyz. gov. cn/art/2022/7/20/art_1229610313_59187080. html.

中共平湖市委组织部：《浙江平湖连续十六年"飞地抱团"发展 构建共同富裕多维跑道》，人民网—中国共产党新闻网，http：//

dangjian. people. com. cn/n1/2022/0707/c441888-32468948. html.

二　外文文献

OECD et al. , *Applying the Degree of Urbanisation：A Methodological Manual to Define Cities，Towns and Rural Areas for International Comparisons*，OECD Regional Development Studies，OECD Publishing，Paris/European Union，Brussels，2021，https：//doi. org/10. 1787/4bc1c502-en.

后　记

　　党的二十大报告指出，高质量发展是全面建设社会主义现代化国家的首要任务。着力推进城乡融合和区域协调发展，是加快构建新发展格局、着力推动高质量发展的重要内容。浙江省在探索解决城乡区域发展不平衡问题方面取得了明显成效，也存在短板弱项和广阔的优化空间，形成了迈向共同富裕的浙江探索。对浙江实践探索的研究，有助于在扎实推进共同富裕的进程中及时总结重要经验，在实践中丰富共同富裕的思想内涵。

　　为系统全面梳理浙江城乡区域协调发展的实践经验，中国社会科学院农村发展研究所承担了中国社会科学院院际合作课题"浙江省高质量发展建设共同富裕示范区研究"（2021YJHZ001）的子课题"浙江省坚持高质量发展建设共同富裕示范区的城乡区域协调发展目标、路径和改革举措研究"，由所长魏后凯研究员任组长。自 2021 年 5 月以来，子课题组成员除了参加总课题组安排的统一调研和各种学术活动，另分批多次赴浙江多地开展调查研究，通过实地调查、座谈访谈等形式搜集了翔实的研究资料，并多次组织内部研讨，扎实推进研究工作，于 2022 年 10 月底形成研究报告初稿，并经多轮修改完善，于 2022 年 11 月底成稿。

　　书稿的具体分工如下：第一章为导论，由魏后凯主笔；第二章由王瑜主笔；第三章由中国社会科学院"城乡融合发展、推进共同富裕的嘉兴智慧"课题组完成，由年猛执笔；第四章由吴广昊主笔；

第五章由李昊主笔；第六章由胡凌啸主笔；第七章由芦千文主笔；前言和后记由魏后凯、王瑜主笔。全部书稿由年猛和王瑜初审，由魏后凯终审。

本书的出版离不开总课题组的指导和各方面的大力支持。中国社会科学院科研局组织协调课题实施工作，为子课题研究和书稿编写提供了全方位的组织保障。浙江省各级各有关部门在实地调研和资料搜集方面给予了大力支持。中国社会科学出版社的编辑团队为本书的出版付出了艰辛和努力。在此，一并表示衷心的感谢！

我们相信，在党的全面领导和党中央集中统一领导下，坚持农业农村优先发展，坚持城乡融合发展，必定能够在全面推进城乡融合和区域协调发展中逐步实现全域共富。

课题组

2024 年 5 月